加藤諦

人生の勝者は捨てている

GS
幻冬舎新書
749

はしがき

『The Wellness Book』という本の10章にハーヴァード・ビジネススクールの精神科医であったグレイフ博士（Barrie S. Greiff）の「健康で幸せな人の5つのL」という考えが出ている。

それは個人の有利な習慣である。それは健康と幸せと関係がある。

「5つのL」とはLearn, Labor, Love, Laugh, Let Goである。

このLについて**自己実現している人と、理想の自我像を実現しようと無理する人**との違いを考えてみる。

「5つのL」の中で最も重要なのは、5つのLの最後の「Let Go」である。

「Let Go」の意味は「捨てる」こと。

それは未練を断ち切ること。

人間関係を整理すること。

あの人はまだ何かしてくれるのではないか、その気持ちを断ち切らないと心の傷を深くする。

「Let Go」とは、とにかく今しがみついているものを手放すことである。それから手を離す。

それは「こうあるべき」などの考え方の放棄である。自分がコントロールできないものに拘《こだわ》らないことである。

手放した方がよいものには色々あるが、先ず理想の自我像である。

今の思い込みを「Let Go」する。思い込みは囚われである。

この場合「Let Go」とは「囚われ」からの解放である。

何かに囚われた結果、自分で自分を憎んでしまった。

自分で**自分を憎んでしまったから、生きることが楽しくなくなった**のである。

「どこで、なぜ自分は自分を憎んでしまったのか？」を正しく理解する。

「5つのL」はすべて重要であるが、その中でもことにLet Goは極めて重要である。


人は心理的に病めば病むほど行動の選択の幅は狭くなる。心理的に病めば病むほどものを見る視点が少なくなる。いよいよ視野が狭くなる。

ある生き方にしがみつく。他にいくらでも生き方はあるのに、今の囚われにしがみつく。


ある職業に就《つ》かなければ幸せになれないというようなことに囚われる。そしてその囚われにしがみつく。

素敵な女性は沢山いるのに、「あの女性」でなければいけないと思い込む。失恋した時に心が病んでいれば病んでいるほど、「その女性」以外には考えられない。

囚われている人は、**自分で自分の首を絞めている**ことに気がつかない。

生きる道はいくらでもあるのに、これしかないと一人で勝手に思い込んでいる。ある一つの道にしがみつく。

忘れ物をしたら取りに帰ればよいものを、そのまま行こうとするようなものである。

今の惰性《だせい》を断ち切れない。惰性で生きるのが心理的に一番楽だからである。生きるエネルギーを失えば、**惰性で生きる**しかない。

2024年11月　加藤諦三

人生の勝者は捨てている／目次

DTP 美創

第一章
捨てる勇気

自分自身でありえないのなら
悪魔になった方がましである

——デヴィッド・シーベリー

いくらでも生きる道はある

私は南カリフォルニア大学の教育学教授ブスカーリアの本を訳した。

その中に、著者と母親との話が出ている。母のベッドの側で彼が涙を流していた。そして母の彼への最後の言葉は「おまえは何にしがみついているの？」という言葉であった。[*1]

大切なのはその言葉を母親が彼の手を優しく取って言ったということである。

しかし優しい母がいなくても、「おまえは何にしがみついているの？」という言葉は私たちにとって救いの言葉である。

「おまえは何にしがみついているの？」という言葉の後に、私は「その手を離してごらん」と付け加える。

頼りないけど**その手を離してごらん、私たち人間にはいくらでも生きる道はある**よ。

それが執着を断ち切るということである。生きるエネルギーのない人には苦しいことだが、惰性で生きるのをやめる。

惰性の生き方をやめるのは今でなくてもいい。それを目的に心身ともに「捨てる」準備を今から始める。

自分の生活のどこかに自分の好きなことを見つける。「本当は、あの人嫌いだったんだ」と気づくのでもよい。

それを一つひとつ増やしていく。

「もうどうにもできない」とまで苦しんでいる人は、先ず「あの人とこの人とどちらが嫌いか」を書いてみる。

次に「この人とあの人は？」と書いていく。

そうすれば「私は誰も彼も皆嫌い」とわかる。

「でも、私はあの嫌いな人に嫌われるのが怖い」と書いてみる。

そして最後に「自分は自分が嫌いなのだ」と気がつく。

いいも悪いも含めて、**自分のすべてを受け入れてくれる人**が今までの人生ではいなかった。周囲の世界にあったのは「こうあるべき」ということだけだった。

その結果、自分が自分を拒否した。それが自己憎悪《ぞうお》である。

そうして本当に楽しいということを経験しないで自分は今まで生きてきた。

それぞれの人の運命は違うのに、「こうあるべき」などという一般的な生き方の「べき」などない。

それなのに「おまえはこうあるべき」と自分を責め続けられて生きてきた。

他人を思いやる心

自己実現している人は、現実の自分で行動できたことがベストであると考えられる。

「こうでなければ駄目」という考え方ではなく、**実際の自分の潜在的可能性が実現できたことが自分にとって最高**と考える。

神経症になりやすい人にとっては「成功か失敗か」は天国と地獄の違いであるが、神経症になりにくい人にとっては「成功か失敗か」はそれほど大きな差ではない。

神経症になりやすい人にとっては「好かれたか嫌われたか」は天国と地獄の違いであるが、神経症になりにくい人にとってはそれほど大きな差ではない。

「本当の自分」で生きられたか、生きられなかったかが問題である。

真の自己を偽って好かれるよりも、真の自己を表現して嫌われる方が、未来はある。

アドラーは、うつ病になると人は他人のことを真剣に考えられないので、自分のことを忘れてしまうと言った。[*2] 言葉だけを考えると矛盾していておかしな言葉だと思うかもしれないが、そうでもない。

アドラーの著作にD氏という人が出てくる。[*3] 軽いうつ病のD氏を考えてみると、それがわかる。D氏は妻のことも、子どものことも考えていない。自分のことしか考えていない。

そういうD氏だからこそ、**自分が幸せになるための努力**もしていない。自分のことを忘れてしまう。

つまり「他人のことを真剣に考えられないので、自分のことを忘れてしまう」。

他人の「苦しみと必要」に自分の注意を集中することより「真の癒《いや》し」になることはない。

ここで言う「注意」は思いやる心である。他人の「苦しみと必要」に気づくことである。なぜなら、そうすることでアドラーの言う「危険な自己執着」をやめられるからである。

自己執着を「Let Go」する決め手は、相手の「苦しみと必要」に気づくことである。偏見ばかりで、他人の苦しみに対する思いやりはなかった。自分の苦しみに囚われているから、他人が苦しんでいることに気がつかないのである。そこに注意がいかない。うつ病になるような人は自分だけが苦しんでいる。自分の苦しみに自分がしがみついている。自分の苦しみに自分が囚われている。

また、相手の存在が自分に生きるエネルギーをくれていると気がつけば、自分の自己執着に気がつく。

「この人の存在があるから自分がある」と考えられれば、自己執着から抜け出せる。

相手の存在があって、初めて自分の心が豊かになると気がつけば、自己執着は消える。

この相手がいるから、この自分がいると考えられれば、自己執着は消える。

相手が**自分に何をしてくれるかばかり考えていないで、自分が相手に何ができるかを考えられる**ようになれば、自己執着は消える。

相手に自分を認めてもらおうとばかり考えていないで、自分が相手を認めることを考えられるようになれば、自己執着は消える。

相手に気に入られようとばかり考えていないで、自分が相手を気に入ることを考えられるようになれば、自己執着は消える。

子どもにしがみつく親

あるスチューデントアパシー（学生無気力症候群）の学生が、暗い顔をして研究室に来て言った。

母親は、色々なことをしてくれたが、自分がしてほしいことは何もしてくれなかった。

こういう母親は**過去の心理的未解決な問題を、子どもとの関係で解決しよう**としている。自分の人生を活性化するために他人を巻き込もうとしている。

恐ろしいのは、母親がそのことに全く気がついていないことである。

母親の過去の心理的未解決の問題が子どもとの関係に影響している。

母親の過去の心理的未解決な問題を、今目の前にいる子どもに移し替えている。トランスフォームしている。

それは、別の言葉を使えば「自己執着的対人配慮」でもある。

こういう人は、相手を高級レストランに連れていくことはできるけれども、相手の健康を考えた料理を作ることはできない。

しかし実は相手の健康を考えた料理を作る、これが最も自然な付き合い方なのである。

自分が「Let Go」しようとすれば、「Let Go」できることは沢山ある。その何でもないことを自分が「Let Go」しない。

もちろん自己執着の強い人が「Let Go」しないことには、それなりに理由がある。

小さい頃に無意識の安心感を体験していない。自分は**守られているという無意識の安心感**がない。

具体的には周囲の重要な他者から積極的関心をもたれて成長していない。周囲の重要な他者とは多くの場合親であるが、いずれにしろ周囲の世界に対する無意識の安心感がない。

小さい頃から本当に頼れる人がいなかった。

無力な小さい頃に、頼れる人がいないことの不安と恐怖は計り知れない。それに本人も気がついていない。

神経症的傾向の強い人は「親は頼れない」ということで不安と恐怖の中で生きてきた。逆に「親子の役割逆転」を求められた。親の方が子どもにしがみついてきた。親の方が子どもに甘えた。この不安と恐怖の恐ろしさは想像を絶する。

そしてこの**不安な緊張で自己執着になる、自律神経失調症になる、不眠症になる、**うつ病になる。

小さい頃から無意識の安心感がなければ、自己執着にならざるを得ないだろう。

無意識の安心感を体験して成長した人は自己執着の強い人ではないから、周囲の世界に関心を持つ。周囲の世界に感謝をする。その結果、周囲の人から好感を持たれる。慕われる。

小さい頃に無意識の安心感を体験しないで成長した人は自己執着が強いから、周囲の世界に恨みを持つ。その結果周囲の人から好感を持たれない。

結果としていよいよ自分を守る心の姿勢が強くなり、いよいよ周囲の世界と心理的に敵対する。

この悪循環をどこかで断ち切ることが「Let Go」である。

そのためには先に書いたように**相手の苦しみに気がつく**ことである。「相手がいて自分がいる」ということに気がつくことである。

成熟した高齢者を除いてほとんどの人は、自分一人では元気ではいられない。

「理想の自我像」を捨てる

人を羨《うらや》むのではなく、人を励ます。

心から「元気出せよ、何でもないじゃないか」と人に言うと、自分がその気になる。

自分と同じように苦しんでいる人を心から励ませれば、「危険な自己執着」から抜け出せる。

アドラーも危険な自己執着を捨てれば、生きることに戻れるという。[*4]

「生きることに戻れる」、つまり自己執着の強い人は、生きていない。

逆に苦しんでいる人を見て、「いい気味だ」と感じて日頃の復讐《ふくしゅう》心を癒したら、「危険な自己執着」から抜け出せない。

人の不幸に安らぎを覚えたら、「危険な自己執着」から抜け出せていない。妬みがある限り「危険な自己執着」から抜け出せない。

「危険な自己執着」の中心的要素はやはり依存心である。

依存心がある限り、相手に対して「こうしてほしい、ああしてほしい」という気持ちが出る。相手への要求はどうしても激しくなる。

「こう褒めてほしい、ああ言ってほしい」という気持ちが出る。

しかし大人になってそれらの要求は通らない。自分が言ってほしいようなことを相手は言ってくれない。その結果、相手に対して怒りや不満も激しくなる。

復讐心の核にあるのも、**自己執着の核にあるのも、虚栄心の核にあるのも依存心**である。

人は幸せになれる。もし依存心を乗り越えられれば。もし依存心を捨てられれば。

神経症的傾向の強い人は、していることが好きでないから頑張って逆境を乗り越えられない。

「欲」と「好き」とは違う。

たまたま運が向いてきたという人はダメ。バブルで仕事ができたという人はダメ。今どんなに業績を上げても幸せな先はない。

欲がないから。欲でいくから不安はなくならない。

理想の自我像は欲の産物。不安の産物。理想の自我像を追いかけている時に、本人はそれに気がつかない。

心の重荷は**理想の自我像への執着**である。

理想の自我像を「捨てる」。そしてコントロール能力を取り戻す。

コントロール能力を取り戻せればストレスから解放される。免疫力は向上する。

理想の自我像に執着するのは、劣等感から。

心の重荷は劣等感が核。

子どもが好きなことを、3時間も5時間もしていても、「頑張った」とは言わない。

しかし、子どもが一人でつまらないのに10分間だけ泳いでいたとする。その時子どもは「こんなに一人で頑張ったのに」と言う。

子どもはしたくないことをする時には「頑張る」と言うが、好きなことをする時には「頑張る」と言わない。

すべての悩みの根源は、自分が自分でなくなること

悩んでいる人は、捨てることができない。

捨てられないものは、「もっと、もっと」のもの。つまり本当に好きなものではない。あるのは「自分のない生き方」だけ。世間体だけ。

それを本人は絶対認めない。

自己の内なる力を得るのは、業績を上げる能力を得ることではない。「捨てる」ことである。

シーベリーは「私が私自身なら、何を恐れることがあろう。恐れているなら、私自身ではないのだ」[*5]と述べている。

人間の**唯一の義務は、自分自身になることである**と述べている。それ以外に義務はない。自分があると思い込んでいるだけである。

「なぜこう始終心配ごとに心を煩わされていなければならないのでしょうか」[*6]

それは自分であることを放棄したからである。

シーベリーは、**自分自身でありえないのなら悪魔になった方がまし**であるとも述べている。

シーベリーによれば、すべての悩みの根源は、自分が自分でなくなったから。

憂鬱《ゆううつ》な顔、それは自分に対する絶望。

でも、相手に自分を強く見せている。

これがあるから捨てられない。

心の整理には「捨てること」が必要である。「あの人には嫌われてもしょうがない」というのが「捨てる」ということである。

しかし恥ずかしがり屋の人は、低い自己評価があるから捨てられない。

人から評価されることで、自我を維持しているから捨てられない。

関係者一同に評価されようとすれば、頑張りすぎて燃え尽き症候群の人になるしかない。

なぜ彼らはこうなのか？

それは小さい頃から凄いことを期待されて育ったからである。非現実的なほど高い期待をかけられて育ったからである。

普通に考えて凄い成功でも、何でもないことになる。元々の要求水準が非現実的に高い。

それはいつも「存在するな」という破壊的メッセージを言われてきたから。そう責められて生きてきたから。

その**集団に貢献するのが当たり前と言われて成長してきた**からである。貢献して普通と言われて成長してきたからである。それが今、貢献できていない。貢献しないことはつまり、周囲の人の重荷になるということである。

修羅場を避けるな

シーベリーは、「不安を解消する八つの方法」があるという。

その8番目は「他人の愛情を失うことを恐れてはいけません。もし失ってしまったら、それはもともともっている価値のないものなのです」[*7]である。

私たちは、**持っている価値のないものにしがみついて、自分から人生を苦しいものにしてしまう**のだ。

自分の幸せに何の意味もない人間関係に、何でそこまでしがみつくのか？

今、失うことを恐れている人は、自分が病気になった時に自分を助けてくれる人か？

その人は傷ついた自分の心を癒してくれるか？

今、無理をしている人の我慢には解決策がない。その先に生きる道がない。

活路を見いだすことが大切。

その人とこのままその関係を続けていても、事態は改善に向かわない。

だから現実に向き合って事態を解決する。

不安なくして成長は達成できない。混乱なくして成長は達成できない。

成長のためには不安を避けることはできない。シーベリーは「修羅場を避けるな」と言っているが、人間の成長には修羅場が必要な時がある。

修羅場は苦しいし、悲しいし、辛い。しかしそれは成長のための試練である。修羅場で人は成長する。

それは真の自己を守ろうとするからこそ、修羅場になるからである。

修羅場という言葉が激しすぎるとすれば、「混乱」である。人間の成長には混乱が避けられない。平穏無事だけでは成長できない。

「人間は、よく無駄なことをしているな」と思うことがある。だいたいデパートにはたくさんの商品があるが、生活にどうしても必要なものはあまりない。

人は、生きるために必要のないものを手に入れようとして真の自己を裏切る。

「これをなくしたらどうしよう」と思うが、なくしても生きていかれるものが多い。

いや、**なくしたことで幸せになれる**こともある。

今しがみついているものが、その人の今の不幸の原因ということがある。例えば今あなたは「ある人」にしがみついている。

その人との関係がなくなることが幸せなのに、その人にしがみついている。

自分もわかっていないし、相手もわかっていないからである。

あなたの生き方を変えなさい

うつ病の時には、事実を変えようとしない。事実に対する解釈を変える。

「Let Go」は既存の解釈の「Let Go」である。今までの価値観の「Let Go」である。過去の自己イメージの「Let Go」である。今までの心の姿勢の「Let Go」である。

うつ病になるような人は頑張ってきた。しかし誰も、望むほどには認めてくれなかった。

頑張っている時に、好きな人から認められるとやる気が出る。うつ病になるような人は、若い頃からそういう人に出会っていない。

人に迎合《げいごう》しているから、人にあわせることに生きるエネルギーを消耗した。嫌われるのが怖くて**無理に相手にあわせる**ことに努力した。認められたくて本当の自分を抑えることに頑張った。そして消耗し尽くした。

もうよい。そういう努力はもうよい。

軽いうつ病のD氏が、会社で評判が高くなるような努力はもうよい。会社で評判が高くなったからといって軽いうつ病が治るわけではない。生きることが楽しくなるわけではない。逆に生きることはどんどん辛くなる。

うつ病は「あなたの生き方を変えなさい」という神からの啓示である。

うつ病になると人は、今の努力を自己実現のための努力に切り替えないと死ぬまで満足することはない。今までも、これからも楽しいということを体験できない。

マイナスはマイナスではないという感じ方を身につけることである。

すくなくともマイナスは「あなたは今、このことに気がつきなさい」というサインである。

だからマイナスはよかったのである。うつ病は確かにマイナスだが、**「あなたの生き方を変えなさい」という神からの啓示**と受け取れば、マイナスではない。

考え方を、「うつ病になった」という結果に囚われるのではなく、うつ病を長い人生の成長過程のひとつと捉える考え方に変更する。

結果重視でなく、過程重視に変える。

エレン・ランガー教授の言葉を借りれば、「マインドレスネスからマインドフルネスへ」である。

マインドフルネスは、壮大な自己のイメージに固執《こしつ》しないこと。捨てる。

壮大な自己イメージを捨てられないで、一生苦しみ抜いて、生涯を閉じる人は多い。

失敗には二つの正反対の意味がある。

一つは、「乗り越えろ!」という天からの励ましである。歯を食いしばって頑張る。

もう一つは**「この道を行ってはいけない」という天からの命令**である。

「あの失敗をしたから、私は救われた」という人は沢山いる。

「あの失敗がなかったら、私の人生はどうなっていたかと思うと恐ろしくなる」という人が沢山いる。

失敗した時に、どちらの失敗かをしっかりと考える必要がある。

前者の失敗なら、失敗してもエネルギッシュである。

成功が、スランプにつながることもある。

一発の素晴らしいホームランに囚われてスイングの修整ができなかったり、自分の力を過信してしまったり、という場合がある。

強い人は捨てることができる

今、あなたは何にしがみついているのか？

ある著述業の人である。出版社から仕事のメールや電話が前のようには来なくなった。不安である。

しかし「これからどう生きよう」と考えればいい。

この難局にどう対処しようかと考える。その対処しようとする姿勢が将来の財産になる。

それなのに、「まだ原稿依頼が来るかもしれない」と待ち続けてノイローゼになる。

出版社から**メールや電話が来ないことを落ち目ととらないで、自分が自ら何かを探す**

機会と捉えればいい。

彼は今の著述業からもう一皮むける時期なのに、今の職業に執着し続ける。一皮むけるのが痛いから、**自分の新しい可能性を探す**ことをやめている。

そして新しく付き合う出版社を探し始める。彼の眼はそっちにいってしまう。

すると周りは自分をどう見ているかに関心がいく。こうして悩みが悩みを生んでいく。

悲観主義の人は、拡大解釈をする。

野球ができなくなる時に、野球人生が終わりになると思わない。政界から引退する時に政治人生が終わりになると思わない。そう思うのではない。

うつ病になるような人は、そういう時につい「これで自分の人生が終わる」と思ってしまうのである。

エネルギッシュな人と、エネルギッシュでない人では終わりや失敗の恐れのレベルが違う。

ある中学校の先生である。保護者とトラブルを起こす。するとその先生は「これで一皮むけるな」と思った。

この考え方でその先生は保護者とのトラブルを乗り越えられる。

その先生は、今の自分のトラブルを成長のためのトラブルと考えた。

もう一つ考え方を変えることがある。「だから」から「にもかかわらず」へと考え方を変える。

親としては子育てに失敗した。

「にもかかわらず」自分は立派であると考える。

大切なのは**自分が子育てを失敗したということを認める**ことである。そしてその原因は自分にあるということも認めることである。

だからといって自分はダメな人間と思うことはない。自分を責めることでもない。

ここで「夫が」とか、「妻が」とか、「世の中が」とかに責任転嫁《てんか》をすると、迷路はいよいよ深刻になる。

あるいは「私はダメな人間」というように逃げてしまうと迷路から抜け出せない。

「Let Go」の意味は「捨てる」こと。

強い人は捨てられる。

ある人は「親を捨てた」と言った。

その人は親から虐待を受けて成長した。そして最後には親から見捨てられた。

その後、その人が言ったのが、先の「私は親を捨てた」である。

彼は、その時に自分を囲んでいた霧が「さーっと」晴れたという。

そこまで普通の人は強くなれない。ここまで強くなろうとすると無理が出る。

ただ「捨てる」とはどういうことか、ということを理解するために書いたのである。

捨てる覚悟を決めた時、自分を囲んでいた霧が「さーっと」晴れていく。

ここまで強くなれなくても夢のある人は捨てられる。

捨てるとは心の中で断ち切ることである。その人は、**自分の心の中で親を断ち切った**のである。だから前を向いて歩き出せた。

断ち切れないと、恨みになる。

恨みになると後ろを向いてしまう。

心の中では断ち切る

ある女性が言った。

「私は高等学校を捨てた」

捨てた人は、続けて言った。

「私はあの時代、あの○○や、あの○○と一緒にいたんだなあ」

彼女はその時に、あの時代の自分の人間としての質のひどさが見えたのである。その時、彼女はその時代を捨てた。

そして吹っ切れた。

「Let Go」をできない人は、**その時代を捨てられなくて、その時代の友人たちに復讐しよう**とする。

そうしてさらに心が病んでいく。

もう一度言う。

捨てるとは心の中で断ち切ることである。社会生活をしている以上、断ち切れないことは沢山ある。しかし心の中では、断ち切れる。

「Let Go」は心の中で断ち切ることである。

「Let Go」をできない人のことを執着性格者という。

おそらく**執着性格者は本当に満足した経験がない**のであろう。過去に「楽しかった」という体験がない。

本当に満足する体験をすれば「これはいらない」というものが出てくる。

執着性格者は、もらったおまんじゅうを気の済むまで食べないで、取っておく。

「食べてしまったら、明日ないから半分だけ食べよう」、そう思う。

しかし明日はない。

執着性格者はいつも気持ちがスッキリしない。感情のリズムがない。

捨てるのは、人や時代ばかりではない。物も捨てる。

物の中に自分を埋めてはいけない。

これは不要、これも不要と捨てていく。

しかし人はいざとなったらなかなか捨てられない。そして物の中に自分を埋めてしまう。

うつ病の時には、何でもいいからとにかく捨てられるものを探そう。

うつ病になるような人は必要でない物を持ちすぎている。

いつでも身軽。これを心がければ心も軽くなる。

それを心がける。

人間関係も整理する。

この人は5年後には「さよなら」。

あの人はいらない。

この人とは二度と会わない。

そうして人を整理していく。

うつ病になるような人は人が来ると、誰でも喜んで受け入れてしまったのではないか。

小学校の時からそうではなかったか。そして今とうとうここまで来てしまった。

小さい頃から**愛されないで成長した人は、どうしてもすべての人に気に入られようと**する。

自分のことを苛《いじ》める人までも含めて「友達」というカテゴリーで人を見てしまう。自分に嫌みを言う人までも含めて「友達」というカテゴリーで人を見てしまう。

具体的に相手を見ないで、友達というカテゴリーで見る。

大切なことは、「相手の心を見て、態度を変える」ことである。

人に気に入られようとするな

人には搾取《さくしゅ》タイプの人もいれば、人につくす人もいる。ずるい人もいれば、誠実な人もいる。人を騙《だま》す人もいれば、正直な人もいる。怠《なま》け者もいれば、勤勉な人もいる。

愛という仮面を被ったサディストもいれば、陰で相手を守る人もいる。

とにかく人のものを盗ることばかり考えている人から、いつも人の幸せを願っている人までいる。

それなのに**対象無差別に人から気に入られようとする人**がいる。いい顔依存症の人は誰に対してもいい顔をする。

そういう人はずるい人の獲物にされてボロボロになる。ずるい人の獲物にされていることに本人は気がついていない。

相手を見ない人は必ず不幸になる。そういう自分に気がついていないから。

人間関係を整理できない人は必ず不幸になる。

毒蛇にかまれようとしているのに、ニコニコしながら近づいて幸せになれるわけがない。

自分を守ってくれる人と、自分に毒を吐いている人に同じ態度で接する。幸せになれるわけがない。さらに自分がそういう態度であることに気がついていない。

アメリカに『Toxic People』という本がある。[8] 毒性のある人である。

ジョージ・ウェインバーグの著作の中に有毒な人という言葉が出てくる。[9]

不幸になる人は、**有毒な食べ物も、健康にいい食べ物も無差別に食べているような人**である。

自分は無差別に食べていることに気がついていない。

社会的にはブラック企業というようなことが問題になる。あるいは学生の場合だとブラックバイトという言葉がある。不当に労働をさせられることである。そしてそれをなかなか告発できない。

なかなか告発できないが、社会的には救済の方法はある。まず法律に違反しているということがあるから、告訴《こくそ》その他の方法がある。

それよりも何よりも、そういうことを「けしからん」という認識がある。その認識が大切なのである。

私は「ブラック関係」という人間関係を言いたいのである。

そういう人は**ブラック企業で働かされている人**以上に多い。

心に葛藤を抱えた人は、自分より心理的・社会的に弱い立場の人との関係で、心の葛藤を処理する。

これがブラック関係である。

うつ病は「二度とこうしたことはすまい」と決心する機会である。

そしてパソコンでもよいし、紙にでもいいが、「私はこうしたから、こうなった」と書く。

例えば「私は八方《はっぽう》美人で行動していたから、うつ病になった」と書くことである。

八方美人をやめることは、自分を変えることである。相手に対する態度を変えることである。

そう簡単にはできないが、そうしようとすることで自分が見えてくる。

それが「自分に正直になる」ということのスタートである。

あの時代の人間関係はすべてダメ。それを理解することであの時代を清算できる。

あの時代の人間関係はすべて清算しよう。それで**楽しい人生が準備**される。

うつ病は心理的な便秘である。しかも慢性的便秘である。

食べたものが消化できていない。つまり出会った人が消化できていない。

心理的に必要なくなっているものを捨てられない。慢性的便秘だからいつも体調が悪い。いつも気分が悪い。

「あの時代の人間関係はすべて清算しよう」と思うことで、逆に「あれ、あの人が私を大切にしてくれていたんだ」ということに気がつく。

そして「あの当時私が友人と思っていたあの人たちは私を苛めて、自分たちの心を癒していたけれど、反対にあの人たちは私を尊重してくれていたんだ、私を評価していてくれたんだ、私を守ってくれていたんだ」と気がつく。

「ええ、あの人は陰で私を守ってくれていたのだ」と気がついてショックを受ける。

そう気がついて「あの当時私は付き合う人を間違えていた」と認める。そして「あの当時」を捨てられる。

捨てると言っても「会社を今すぐ辞めろ」とか「今すぐに家を出ろ」とかいうのではなく、10年計画である。

「そういう覚悟で今を生きる」ということである。

イヤなことをイヤと言える人

人は常に成長していかなければならない。

定年になっても会社に固執している人がいる。往生際《おうじょうぎわ》が悪い。

何を捨てるかを考えなければいけないのに、**捨てられないで会社に執着する人**がいる。

生涯現役というのは、心が現役ならよい。

心が萎えていない。それが現役である。

心理的な現役であればよい。

定年になって「仏教を広める」と考えた人がいた。老人の心の叫びを書くと言った人もいた。それは地道な活動である。地道にしっかりと活動することが、心理的な現役である。

社会的な現役は人が認めること。

歳をとったら、宝の塚ではなく、王道を行く。

定年になったら人々の中に入っていく。今まで自分が得たものを人に与える。

定年になって何もしないのは生きる目的を見つけられないからである。

とにかく**うつ病や神経症になったと思った時には、自分を変える機会と捉える**ことである。

そして「私はあの人たちに気に入られようと頑張って神経症になった」と認める。そしてその人たちに対して「もう今の自分はあの時の自分ではない」と心の中で宣言することである。

誰にも彼にも気に入られるような努力を「もうしない」。

そう誓う。

と同時に「こっちも、あの時代は酷かった」という自覚が大切である。

そこを認めなければ先に進めない。そこを認めないから心の病は治らない。

「あの人たちは酷い」、そこにばかり気をとられているのでは、心の病は治らない。恨みで心の病は治らない。

そして相手を見て態度を変えようと決意する。それまでは**誠実な人にも、人を騙すような人にも同じ態度で気に入られよう**とした。それに自分が気がついていない。

うつ病になるような人は、周囲に「いい顔」をしながら、心の底では「何で俺だけがこんな辛い思いをしなければならないのだ」といつも不満に思ってしまう。

そういう時に、周囲にいる人はそれに気づくような人ではない。

自己評価が低くてうつ病になるような人だって「自分は長いこと頑張っているなー」と思うような時がある。

しかし周囲の人は、その気持ちに気づくような人ではない。

とにかくうつ病になるような人は、その時までの人間関係が悪い。

誰にも気に入られようとするから「人を利用しようとする人」ばかりが周囲に集まる。
うつ病になるような人は、嫌いな人に「嫌いです」と言えない。嫌いな人に無理して笑顔で接し続ける。それが軽いうつ病のD氏の職場での態度である。

D氏も不誠実な人に「私はあなたが嫌いです」と言えれば、世界は変わる。
うつ病になるような人は、イヤなことをイヤと言えないで自然な感情を抑え続けて生きてきた。

うつ病になるような人は、長期にわたって嫌なことを真面目にしてきた人である。
とにかくうつ病になるような人は人間関係が悪い。消耗して倒れた時には、周りに搾取タイプしか残っていない。

例えばヒステリー性格のような「人を利用しようとする人」ばかりが自分の周りには集まっている。

大きなものを狙っている人は、相手が嫌がることをしない。うつ病になるような人は、**真面目な自分が狙われている**ことがわかっていない。そういう自分に気がついていない。

泥沼の中にいる金魚

うつ病になるような人は、その場の癒しが欲しいから、現実に立ち向かう誠実な人を避けて、現実逃避をする不誠実な人と関係する。

真面目に頑張って、生きることに疲れた人は、利己主義者とか搾取タイプの人と付き合っていた。それが心理的に楽だから。しかもそれに本人は気がついていない。

努力はしているが、その場の困難を安易に解決しようとしていた。というよりも**無理な努力をすることで消耗して疲れている**から、その場を楽に切り抜けようとする。

搾取タイプの人が人を見るということは、相手の弱点を見ることである。

カマキリは誰を襲うかを知っている。相手の弱さを知っている。

搾取タイプの人は、うつ病になるような人が「誰にでも気に入られたい」という弱点を持っていることを知っている。相手は心が疲れているということも見ぬいている。

うつ病になるような人はとにかく嫌われないように無理をする。自分が軽んじられているような環境でいい顔をする。

真の自己を曲げるような無理をしている人は、助けてくれる人がいない環境で、人に迎合しながら生きている。

真の自己とは違う人を演じるような無理をしている人は、現実が見えていない。

カレン・ホルナイが、神経症者の努力と心理的健康な人の努力の違いの一つとして幻想と真実ということをあげている。[*10]

金魚が沼の中にいる。泥沼の中にいる。しかし金魚は「私は清水にいる」と思っている。

しかし死ぬ時に、泥沼だったとわかった。「清水だと思ったら、泥沼だった」と死ぬ時に気がついた。

何か特別な理由もなくイライラしている。それが泥沼の中にいるという時の心の症状である。そういう時には本人が「私は清水にいる」と思っていても泥沼にいる。

うつ病になるような人であれ、神経症的傾向の強い人であれ、心理的に病んでいる人は現実が見えていない。現実が見えていない中で努力している。

だからどんなに頑張っても、その努力が実らない。その上、**自分はなぜ努力が実らな**

いのかを反省していない。

真の自己を曲げるような無理をしない人の方は、その時にはトラブルになっても後で後悔しない。

オーストリアの精神科医ベラン・ウルフが言うように悩みは昨日の出来事ではないという。長年にわたって真の自分を裏切って生きてきた結果が、今の悩みである。

その場限りの生き方。それが真の自己を曲げる無理をしている生き方である。辛くて頑張っているのだが、基本的に安易な解決をしている。

自分を抑えて喧嘩をしないでいい顔をして生きてきた。その場はいい。その時には問題は起きない。

真の**自分を抑え込んで喧嘩をしない、それが無理をしている生き方**である。社会的には問題は起きないが、心の中に葛藤を抱え込んでいる。心の負債を背負い込んだ生き方である。心の借金が増え続けた生き方である。

自分に大事なものがあれば、それを守るために喧嘩をする。愛情のある母親は子どものために喧嘩をする。

「私はここに行きたい」と本気で思ったら、自分を支配しようとする人と喧嘩する。自分が商売に向いていて、「私は商売をしたい」と本気で思っていたら、それに反対する人と喧嘩をする。

その場は**迎合して喧嘩しない方が問題は起きないし、心理的に楽**だけれども、自分に大事なものがあれば、それを守るために喧嘩をする。

ウサギがライオンに見えているか

社会的には問題が起きるかもしれないが、心の借金は背負い込まない。

「今、無理するとこの先に1億円の借金になります」と言えば、人は無理をしない。

真の自己を裏切る無理は眼に見えない。経済的な借金は眼に見える。

自己実現していない人は、先に行って憂鬱になる。抑うつ感情に苦しむ。それが「この先にある1億円の借金」である。

人はこの先の自分の人生を真剣に考えたら、頑張って自己実現する。自己実現しないと、これから先に恐ろしいことになると思えば頑張って自己実現する。

人は、無理をしたことが、「意味なかった」とわかって後悔する。

「無理をしない」と、「努力しない」とは違う。

「無理をしない」とは、「自分の本性を曲げない」ということである。

自己実現している人は努力している。

自分の本性に逆らったのは、淋しいからであり、認めてもらいたいからであり、不安だからであり、嫌われるのが怖いからである。

しかしその結果は、ますます不安になり、ますます怯《おび》えの心理に悩まされる。

そうして自分の中に不安の領域を拡大していく。

もしかしてあのこともわかってしまったのではないか、**もしかして解雇されるのではないか、もしかして離婚を言われるのではないか**と、次から次へと不安の材料を増やしていく。

つまりいったん不安になると、人は悲観主義に陥《おちい》る。

ウサギがライオンに見えてくる。ヒツジが虎に見えてくる。

自分の本性に逆らって支配的な人に迎合すれば神経症になったり、うつ病になったりするであろう。

その結果コミュニケーション能力を失う。少なくとも感動する能力を失う。自分のしている仕事に興味を持ったり、笑って遊べる能力を失う。

「自分の本性に逆らって」ということは人間として自然な部分を失うということである。だからこそ**寝るとか、食べるとか、セックスをするとかいう人間として肉体的に自然なことに障害が出てくる**のである。

「自分の本性に逆らって」生きている人は、不眠症になったり、吐き気がしたり、性的に不能になったりする。そして何よりも活動することが億劫《おっくう》になる。

マズローは、人は自分の本性に逆らう罪を犯すと例外なしに無意識のうちに記憶されて、自己蔑視《べっし》の念をかきたてると述べている[*11]。

ロロ・メイも「われわれがだれか他人の賞讃を目あてに行動するとき、その行動自身は自分に対する弱さと無価値さの感情をそのまま思いださせるものである」[*12]と言う。

そしてこのような態度はすべての中で最も酷い屈辱であり、臆病な気持ちにつながると言う。

ダメに決まっているという正当化

無理をして好かれても、無理をして賞賛されても、自分を見失ったら先は地獄である。

無理をして好かれても、その先に1億円の借金ができてしまう。

相手の期待に添って今好かれても、その先に憂鬱な日々が待っている。イライラする日々が待っている。

相手と心が触れていれば無理をしなくてもいい。言えばいいことは言える。

「自分は無理をしている人だ」と気がついたら、自分の本性を大切にすることである。

「自分は無理をしている人だ」と気がついたら、今の人間関係を変える。

自立性、自主性、能動性を守ったら、この人と一緒にいられないと思う。今が無理なら「5年間だけは一緒にいてみよう」と決心する。

しかし5年後に「やっぱりおかしい」と思う。そうなれば5年後に家を出ればよい。

そのために今から準備する。

5年後でダメでも「必ず、いつか」。

ただ人間関係を変えると一口に言ってもそれは大変なことである。

人間は惰性で生きているのが一番心理的に楽である。些細なことを変えるのでも変えるにはエネルギーがいる。

況《いわ》んや人間関係を変えるということは、ものすごいエネルギーがいる。

元気がなくなればなくなるほど変えることは難しい。人が悩みをなかなか解決できないのも変えることが難しいからである。

悩んでいる人は、**ちょっと変えれば解決できることでも変えない**で悩んでいる。

それは変えるよりも、悩んでいることの方がエネルギーがいらないからである。

生き方はなかなか変えられない。ことにうつ病のように、フランクルが「生のひき潮」と言うような心理状態では変えられない。

どんなに嫌なことでも、そのまま惰性で流されている方が心理的には楽である。つまり嫌なことを続ける方が心理的に楽である。

日常生活でもちょっとした工夫で改善されることでも改善しない。億劫になる。

億劫だからしないことを合理化して「ダメに決まっている」と言う。

億劫だからしないことを、億劫だと認めたくないから「ダメに決まっている」と正当化する。

周囲の人は「ちょっとこうすればいいだけのことじゃない」と思う。それをうつ病になるような人は変えないで悩んでいたり、文句を言っている。

そこで周囲の人は「付き合っていられない」となってしまう。

「何でこんなに億劫なのだろう？」と考えれば、道は開けるのに、自分を防衛することにエネルギーを使う。

お金持ちになると失うもの

今日という日は二度とこない。それがわからないのは今が好きではないからである。

エネルギーがない人は、持っているものを捨てられない。エネルギーがない人が躊躇《ちゅうちょ》する。決断ができない。

人は**過去を捨てられるから元気になる**のだ。元気になるから捨てられる。好循環していく。成長するためには、脱皮しなければならない。

今日一日を生きることを考える。昨日に支配されつつ今日を生きると悩む。

エネルギーがないと、今日も明日も昨日という日も意識がない。

神経症になると、脱皮しないままで、皆に気に入られていたい。

ちやほやしてもらいたい人は、どういう人が気に入るか。

ちやほやしてもらいたい人は、こうして付き合う人を間違えていく。そして振り返ると虚《むな》しい人生になっている。

うつ病になると、過去が虚しいから、その過去を埋め合わせようとする傾向が強い。

うつ病になると、無理をして生きているから過去が虚像になる。

その過去の埋め合わせ方がまた間違ってしまう。あくまでも利益で埋めようとする。

心の交流というコミュニケーションをすることで、過去の埋め合わせをしようとは考えない。

「私がコミュニケーションするためには、これからどうするか？」という視点はない。

過去の埋め合わせは、あくまでも今の利益である。人から気に入られることであり、名誉であり、権力であり、人からの注目である。

　こうしてさらに間違った道に入ってしまう。

うつ病になるような人は、世間に対して自分を守っている。それは「私は白い」と言い張っているカラスだから。

　世間に対して自分を守っているが、自分の心は守っていない。

「自分を守る」とは自己実現することである。好きなことを見つけることである。社会的に近い人とコミュニケーションすることである。


　人は、**お金持ちになっていく過程でどんどん失っていくもの**がある。そのことに気がつかない。

　それがどんな大切なものかは失ってみないとわからない。

　エリート・コースを歩みつつ最後にうつ病になるような人は、エリート・コースを歩む中で失っていくものがあるということに気がついていなかったのである。

　エリート・コースを「Let Go」できないために、大切なものを失っていくのである。

それが「外側における自己栄光化の道は、内面では自己蔑視への道になる」[*13]。エリート・コースが「外側における自己栄光化の道」であり、「内面では自我の統合性への道になる」。このカレン・ホルナイの教えに気がつかないままに、自己栄光化という破滅へと進む人は多い。

無意識にある欲は焦りとなって表れる。焦りやせっかちは不安だからである。抑圧した欲で不安になっている。

欲のある人は失うものが大きい。失うものは心の安らぎである。

憎しみがあるからそのことがわからない。

何よりも大きいのは、**コミュニケーション能力を失うこと**である。

1000万円が手に入った。しかしストレスから脳に腫瘍が見つかった。その時に普通の生活をしたいと思う。

取り返しのつかないものは、なくなった時に気がつく。

普通の生活があって、その上での1000万円であれば、意味がある。普通の生活を失って1000万円あっても意味がない。

今の生き方をやめる権利がある

通常の人間の営みが、大切。
たまたまメディアに注目されたのではなく、地道な生き方をして世に出ることが大切。
肉体的に考えたらわかる。症状と症状につながりがある。
咳と下痢、つながりがない。
咳と熱、つながりを発見。
そこで病気を発見。
咳と痰はリンクしている。そこで病気を発見。
心を考える。
ケチと欲張りと優柔不断は心の症状。病気は執着である。
その**執着の根源は幼児的願望がかなえられていないこと**である。
自分の病気を理解する。そうして行く道がわかればいい。
人は理想の自我像実現を求めてストレスで病気になる。ストレスで病気になって初めて、自分には違った道を選ぶことがあったと気がつく。今の生き方をやめる選択があったと気がつく。

イライラする時には理想の自我像実現に拘っている。しかしなかなか「Let Go」できない。それは今までの選択の土台になっている価値観が強化されていたから。

世の中に、こんな無駄な生き方をしている人が沢山いる。生きるということは、心地よく生きるということである。

理想の自我像実現に拘る人は、**虚栄心を「捨てる」強さ**がない。生きる軸を変えることができない。

これが「老いる時」に必要な基準変更なのであるが、高齢になっても基準変更ができない。

エリート・コースを走りストレスで体調を壊すような人は、今の職場が好きではない。

その心のかさかさの部分を、社会的に挫折した人を苛めて癒している。

そういう人には意地がない。

虚栄心を捨てられない人には、腐っている友達が沢山いる。自分にあっていない友達が沢山いる。

どんなに沢山友達がいても淋しい人である。

それは神経症的淋しさである。

それは**何が原因だかはわからない淋しさ**である。

カーニバルをしても淋しい。華やかな晩餐会に出ても淋しい。「華やかでも、虚しい」という時には心に問題を抱えている時である。

そういう時には喜びはないけれども心の底に憎しみがある。

そういう人は感情のないロボットのようなものである。大地から切り離された生活をしている。

美味しい地方の食べ物がある。家に持って帰ってくるとなぜか美味しくない。その地域の食べ物には、その地域の空気と匂いがある。そこから切り離されると美味しくない。

カーニバルをしても淋しい人は、人間性から切り離されてしまっている。母なる大地から切り離されている。

そういう人の人生は空《くう》。

自分の道は何もなかった。だから理想の自我像実現に執着する。「空」だからこそ、**いよいよ理想の自我像実現に執着する。**

真面目に**頑張って生きたのに、何もつかんでいない**から空。

過去を振り返ったらつかんだものが何もない。心の足跡がない。心の中にポイントがない。心の帰る家がない。時空がない。

「どの道で歩いてきたの？」と聞かれてもわからない。

空は、ただ「ない」というのとは違う。「ある」のだけれども「ない」。それが空。

悲観から楽観へ

ある人が40歳の時に「私の中学校3年間が無駄だった」と言った。要するに「中学校3年間は空」ということである。

その後で「でも、中学校3年間が無駄とわかったということはよかった」と言った。

「これからはそのようには生きていかない、自己喪失するような生き方はしない」という意味である。

もし40歳ではなく、60歳になって気がついたらどうなるか？

判断ができない。

「空」のことを損したと思わない。それを経費と考える。

努力したことを「損した」と考えない。

努力したことは無駄になっていない。

エネルギッシュな人は無駄と考えない。

結果を重んじる。

「これからはそのようには生きていかない、自己喪失するような生き方はしない」という意味に「空」を考えれば、結果が「空」でも、自分の人生全体を考えれば「空」ではない。

それなのに神経症的傾向の強い人は、それを無駄と考える。

今までしてきたことを無駄と考えたら、これから生きていけない。

人生、最後はすべてなくなる。

しかし自分だけよければいいという生活は、いつかツケが回ってくる。お金で人生を失う。欲で走ると人生を失う。自分の力を社会へ。そういう心の姿勢で生きていると、最後は努力したことは自分に返ってくる。

捕ろうとすると先細りの人生になる。

この感覚があるかないかが、共同体感情があるかないかである。この感覚があるから何とか人生の諸問題を解決していかれる。

生きるためには与えることを学ばなければならない。[*14]

深刻な劣等感のある人にとって最も難しいのが「与えること」である。

ありのままの自分が受け入れられた経験がない人に、「与えること」を学べと言っても難しい。

だからこそ**深刻な劣等感のある人は生きることに挫折する**のである。

社会的に有用な行動が自分個人の利益にも合致すると確信することで、社会的に有用な行動を促進できるとアドラーは信じていた。[*15]

深刻な劣等感のある人は「社会的に有用な行動が自分個人の利益にも合致する」と考えられない。そこでどうしても自己中心的行動になる。

自己執着からぬけることは、深刻な劣等感から解放されることであるが、それは容易なことではない。

どんなに困っても誰も助けてくれなかった過去、その過去を背負いながら、「与えること」を学べと言っても酷《こく》である。

ただ深刻な劣等感に苦しむ人が、自分の今の苦しさを直視する時に、そこにしか救いの道がないことが見えてくるに違いない。

「最後は努力したことは返ってくる」と言っても、それは給料が上がるという意味ではない。

「自分の力を社会へ」という姿勢で生きていたら宝くじが当たるという意味ではない。

そういう心の姿勢で生きていたら**社会に対する関心が増大してきて、心の満足がでてくる**という意味である。

そうして生きていれば心の安らぎがあるということである。自分の世界に閉じこもるということがなくなるという意味である。気むずかしさがなくなるという意味である。悲観的考え方が、少し楽観的考え方に変わってくるという意味である。

許せない人を心の中で断ち切る

社会に対する関心が共同体感情である。

共同体から拒否されて成長した人に、あるいは共同体を体験したことのない人に、共同体感情を持ちなさいと言うのは矛盾している。復讐心を持つのが当たり前である。

しかしそれにもかかわらず復讐心は、最後は自分を滅ぼしてしまう。

従って自分が共同体から拒絶された経緯を自分の心の中で明らかにして、それを乗り越えるしかない。

具体的に言えば、自分が成長する過程で、自分の周囲にいた人がどういう人であったかということである。深刻な劣等感の強い人ばかりではなかったか。

そういう人たちによって自分の心は形成されているのである。そんな人たちのために**自分の人生を棒に振る**ことはない。

どうしてもあの人は許せない。誰を許してもあの人だけは許せない。そういう許せない人がいる。

「あの人に頭を下げるくらいなら死んだ方がよい」と言う人がいる。

ある会合に出席しなければならない。しかし「あの人が出席するなら、私は欠席します」というような人がいる。そこまで許せない人がいる。

しかし社会生活をしている以上、そういう場面にしばしば出会う。

そういう時こそまさに「Let Go」の時である。その許せない人を「心の中で断ち切る」。

「Let Go」とは、心の中で断ち切ることである。

心の中で断ち切るとは、**その人が何を言おうと、そのことを心の中で無視**する。怒らない。

その人は「いない」ものとして扱う。自分の心に何の影響力も持たせない。その人がどんな顔をしようと心を動揺させない。

そして心の中で断ち切る人は、何も今、社会で接しなければならない人ばかりではない。

すでに遠い過去に自分を傷つけた人たちでもある。すでにこの世にいない人々である時もある。

昔「理想化された父親への同一化こそ『理想の自我像』という神経症の原因を作るものである」と述べた。

あるいは「『理想の自我像』は単に権威ある人から気に入られるための手段」とも書いた。

そしてこの理想の自我像の実現のために努力するのが強迫的名声追求であると書いた。

しかしもしこのような「理想の自我像」を**自分の内面で乗り越えることができれば、人はそれだけ大きくなる**ということである。

つまり「理想の自我像」を自分の内面で乗り越えることが、そもそも自分にとっての重要人物を乗り越えることなのである。

その重要人物を心の中で断ち切る。

そして復讐心の原因である心の傷を自ら癒したということである。

よく男の子は父親を乗り越えなければいけないというようなことを言う人がいる。しかし男性の中には具体的にどういうことかわからないと言う人もいる。

私に言わせれば乗り越える必要のない父親もいる。心理的に安定した父親というのもいる。そのような父親は乗り越える必要がない。

人生の幅を広げよう

乗り越える必要のある父親というのは、**心理的に葛藤を抱えた父親**である。子育てを通して自分の心の葛藤を解決しようとした親たちである。

つまりそのような親は、実現不可能な理想の自我像を子どもに植え付けている。その結果が仕事依存症であったり、燃え尽きるまで名声を求める人である。

あるいはうつ病になるような人であったり、自律神経失調症で苦しんでいる人であったりする。

そして親を乗り越えるとはこの燃え尽きの原因である「理想の自我像」から解放されるということである。「理想の自我像」を捨てる時である。

強迫的名声追求をやめられた時に初めて、その人は「親を乗り越えた」といえる。つまり仕事依存症を治せた人は親を乗り越えられたということである。

親を乗り越えるということは生易しいことではない。単に親を批判することではない。頭で親の現実を理解することではない。

無意識の領域に抑圧されていた、親に対する敵意を意識化することだけではない。それらのことは単なる第一歩である。

親を乗り越えるスタートラインが、**抑圧されていた親に対するマイナスの感情を意識化する**ことである。

これはスタートではあるが、極めて重要なことである。それはロロ・メイの言う「意識領域の拡大」である。

ただ無意識の領域に抑圧されていた親に対する敵意を意識化しても、内面の理想の自我像が消えるわけではない。

それは「ここを怪我している」とわかることである。怪我が治ったということではない。

親を乗り越えるということは、血肉化してしまった内面の理想の自我像を自分の中から洗い流すことである。

まさにこれが最大の「Let Go」である。

そして親の心理的病が重ければ重いほど、子どもの理想の自我像は完全なほど血肉化している。

そして理想の自我像は、それだけ高く非現実的である。非現実的なほど**高い理想の自我像、不適切な理想の自我像、血肉化した理想の自我像**、その理想の自我像がその人を内面から名声へとせきたてる。

壮大な自我像は苦痛の根源である。壮大な自我像と比較した「現実の自分」は劣等な自分である。愛されない自分であり、世の中に受け入れられない自分である。

今の自己イメージを捨てられれば確実に幸せになる。

そしてそれを乗り越えた人は、それだけ人生の幅を広げたということである。それだけ人間として豊かになったということである。

人は苦労が大きければ大きいほど、人生の幅を広くする。血肉化してしまった**内面の理想の自我像を、自分の中から洗い流すことができた人は大きな飛躍をした**のである。人生の幅が広くなったのである。

「Let Go」こそは、飛躍の時である。

「あの人」を心の中で断ち切れた時が、飛躍の時である。断ち切るのは具体的な個人である場合もあるし、「私は人生から観客を断ち切った」という場合もあるだろう。

それに対して自分の体の中からそれを洗い流すことができなくて、そのまま名声追求の過程で燃え尽きる人もいる。そういう人の人生の幅は狭い。考え方の視野が狭い。

従っていつも不安である。人と心がふれあえない。

心が自由ではないから、考え方に柔軟性がない。心に葛藤を抱えたままであるからいつもイライラしている。

ビジネスパーソンでも人望がない。

また何度も言うように自分の子どもをはじめ、他人を巻き込む形で、心の葛藤を解決する人も人生に幅がでない。

人生の幅が狭いとは「こうでなければいけない」という意識が強いということである。一つの視点でしか人生や自分を見られないということである。結果としてストレスに苦しむ。

また「こうでなければいけない」という**意識が強いから、それからはずれやしないかといつもびくびく**している。

だからエネルギッシュでない。自己実現ができていない。考え方が保守反動的で、異質の人たちを受け入れられない。いつも伝統に支配されていて、違った生活をする人たちを受け入れられない。

そのくせ自分の中に「こうしたい」という自分の願望がない。

＊1 Leo F. F. Buscaglia, Personhood, Charles B. Slack, 1978. 加藤諦三訳、『自己を開花させる力』、ダイヤモンド社、１９８４、１３７頁

＊2 Manès Sperber, Masks of Loneliness, Macmillan, 1974, p.112.

＊3 加藤諦三『軽いうつ病　D氏の日常生活』、三笠書房、２０１４
＊4 前掲書、１１２頁
＊5 David Seabury, Stop Being Afraid!, Science of Mind Publications, 1965. 加藤諦三訳、『問題は解決できる』、三笠書房、１９８４、17頁
＊6 David Seabury, How to Worry Successfully, Little, Brown, and Company, 1936. 加藤諦三訳、『心の悩みがとれる』、三笠書房、１９８３、40頁
＊7 David Seabury, Stop Being Afraid!, Science of Mind Publications, 1965. 加藤諦三訳、『問題は解決できる』、三笠書房、１９８４、１３３頁
＊8 Lillian Glass, Toxic People, Simon & Schuster, 1995.
＊9 George Weinberg & Dianne Rowe, Will Power!, St. Martin's Press, 1996.
＊10 Karen Horney, Neurosis and Human Growth, W. W. Norton & Company, 1950, p.39.
＊11 Abraham H. Maslow, Toward a Psychology of Being, D. Van Nostrand, 1962. 上田吉一訳、『完全なる人間』、誠信書房、１９６４、21頁
＊12 Rollo May, Man's Search for Himself, W. W. Norton & Company, 1953. 小野泰博訳、『失われし自我をもとめて』、誠信書房、１９７０、２５９頁
＊13 Karen Horney, Neurosis and Human Growth, W. W. Norton & Company, 1950, p.39.
＊14 Manès Sperber, Masks of Loneliness, Macmillan, 1974, p.110.
＊15 Ibid., p.110.

第二章

愛されなかった時どう生きるか

人々に足りないのは力ではない
足りないのは意志である
――ヴィクトル・ユーゴー

花に水をあげれば、花開く

他人に優越するために理想の自我像の実現を求めて努力する人は、信じる人がいないのである。

傷ついた時に、もし信じる人がいれば、見返すために努力を始めない。信じる人がいないからこそ栄光を求め、理想の自我像の実現に努力するのである。

神経症的傾向の人も喝采《かっさい》を受けるその瞬間淋しさを消すことができる。その瞬間信じあう人のいない虚しさを忘れることができる。しかしそれは長くは続かない。

栄光を求め理想の自我像の実現に向け努力する人は、**信じることと尊敬を得ることが同じであると錯覚**している。

「すごいわねー、あの人社長になったんですって」という賛美が与えるものは信じる喜びとは違う。

大会社の社長になって黒塗の車の送り迎えの心地よさと、信じる人がいる心の安らぎとは違う。

今の時代、人々は皆、市場で自分を高く売ろうとしている。フロムの言葉を使えば、市場型人間である。だから最も高く評価されている社長を羨ましいと思う。

しかし市場で自分が高く売れることと、自分の幸せとは違う。

童話のようで恐縮だが、花を人間の例えにして考えてみればわかる。

お花のお店を考えてみる。高価な蘭の花がある。高価な花がいい、と何でも高い花を買う人がいる。

あるいは、とにかく**値段が高い花を贈り物にしようとする人**がいる。

そして蘭の花は高く売れた。しかし買った人が花を好きでないとしたらどうなるか。

その花にお水をあげない。花の好きでない人は花を買っても花に水をあげない。

それに対して自分は「この花がいい」と気に入って買った人は花に水をあげる。どちらの花が幸せであろうか。

この花がいい、と自分が気に入って花を買った人は何回も、何回も花に水をあげる。花は何回も、何回も水をもらう。

いつも水をもらう花は、その人を信じて安心して花開く。

自分がカトレアでなければ買ってくれないと思っている花がいる。そんな花が栄光を求め、理想の花像の実現に努力する花である。カトレアでなければ愛されないと思っているのである。

こういう**間違った考え方を「Let Go」することが幸せへの道**なのである。

私はある時に、松のように生きようという趣旨で「桜の生き方、松の生き方」というタイトルの本を書こうとした。出版社が賛成しなくて、その企画は没になった。

桜の花はボロを出していないが、咲いている期間は短いことを考えて、こうしたタイトルを考えたのである。

そして桜の花は人に「見てくれ、見てくれ」と下を向いて咲いている。

他方、松は華やかに咲かないが、風が来れば人を守る。そして黒松は何千年という寿命がある。

桜というのは、もとは山桜であったという。それを改良したものが今の桜である。そして美しく咲いて、人を集める。

その場だけをとりつくろえばいい。しかし松のように人を守らない。

「桜の生き方、松の生き方」というタイトルの本で言いたかったのは、先に書いたように「松のように生きよう」ということである。

自分を市場に出すし、どうしても自分をいかに包装するかに関心がいかざるを得ない。

商品としての自分は売り物となることである。それで幸せになれればよいが、残念ながら幸せにはなれない。

登ろう。柿の実を取ろう

幻想を「Let Go」すること。

「幸福な人だけが不幸になることができる」とタタルケヴィッチの本にある。*1

幸福な人は、決して幸福の幻想にしがみつかない。自分が不幸になった時に不幸であることを認める。

そこで**実際に幸せになるための現実的な努力**を始める。変化を怖れない。

孤独にさいなまれながらも友達がいるふりをするピーター・パン人間は現実否認である。ピーター・パン人間は不幸なのに幸福なふりをする。自分が不幸であることを認めない。

先の言葉は幸福な人だけが、現実を認めるということである。

幻想を「Let Go」できないのが、カルト集団である。

人には**人それぞれの苦しみがある、それはそれぞれの人間の運命**である。自分の運命を拒否しては、どんなに頑張っても幸せにはなれない。

自分の親は愛なき親だった、自分は肉体的に不自由だ、自分は戦場で生まれた等々、人には色々な運命がある。

大切なのはその運命の苦しみを相対化することである。自分の苦しみは唯一絶対の苦しみではない。

自分はバスケットの選手になることが夢であった。でも怪我をしてもうバスケットはできない。そうした対象喪失は断念である。

自分の運命を受け入れるから先が見える。

大切なのは「何を捨てて、何を捨てないか」である。

ウサギは憎しみがあるから仲間と仲良くなれない。そこで遅い亀に向かって「どうしてそんなにのろいのか？」と責める。

無気力は希望の前の幼い心。
無気力は自覚すれば安らぎになる。
無気力を受け入れること。

無気力な自分を責めているうちは立ち上がれない。
欲張りな人は立ち上がれない。
欲張りな人は、ただの石ころをポケットに入れるようなものだ。
次々に石ころを入れて重くて動けなくなる。
漁師が沖で魚を捕りすぎて船が重くて動かない。

柿の木が一本あった。柿が美味しくなっていた。
自分は登る自信がない。
でも「あの柿を食べたい」。

彼は通りがかりの人に取ってもらおうと待っていた。
でも取ってくれる人は来なかった。
彼は台風がきて柿を落としてくれるのを待っていた。
しかし台風は来なかった。
最後に腐った柿が落ちてきた。
次の年も、そのまた次の年も同じようにして過ぎた。
彼は柿を求めて、最後まで柿を取らなかった。
30年間柿は目の前にあった。
そして言い訳を始めた。
でも、**いいよね、怪我しなかっただけいいね。**
仕方ないね、仕方ないね、仕方ないね。
ずーっと柿を見ているよりも一度くらい柿を取ってもよかった。
そして登って怪我をしても、それですっきりしたに違いない。

私欲を捨てる。努力する

出世できなくて悩んでいるビジネスマン。

あなたは、今の職場が好きですか？

もし好きでないなら、出世はできません。

出世できないのは、あなたの才能がないからではありません。嫌いな場所では才能を発揮できないからです。

嫌いな職場を選んだことが間違い。嫌いな職場で出世を考えること自体が間違い。

そこで、会社を捨てる。この困難を家族一致団結して乗り切る。

そう言うと「それは、できない」と言う。

自分の**恥を出さず、家族にもばれず、いい方法**を考えるから悩む。そのうえうまくいけば同情を得られる方法を考えるから悩む。

悩んでいるビジネスマンは、会社も、いい生活も、世間体も捨てられないのである。

そして、「これをしたい」というものがない。

思いきってホームレスを3年すればエネルギーが湧いてくる。新しい視点が生まれる。

世間の眼を切れば、新しい人生の目的が持てる。新しく人生を始められる。目的が持てれば悩みは消える。


捨てるためには勇気がいる。

捨てられないことを勇気の欠如《けつじょ》という。

私欲を捨て去ると、**心をわずらわすことなく注意を払い、緊張せずに努力することができる**ようになるのです。リラックスすることは、何かに熱中することと矛盾するわけではありません[*2]。

本当の幸せを知らない人が欲張りなのである。本当の幸せを知らない人が「幸せ」の幻想に飛びつく。

本当に好きなものがない人が欲張りなのである。

悩んでいる時は、捨てる。

持っていると思っているものは幻想でしかない。持っていると思っているものは、実は持っていない。そんなものは「存在しない」。

消費文化の中で振りまかれている「幸せ」などは、もともと存在しない。そんなものをどんなに持っても幸せにはなれない。

今生きることに疲れていて、どうしても健康で幸せになれなければ、「自分の生き方はどこか間違っているのではないか？」と考えてみることである。

消費文化が栄える中で、幸せは売り物になっている。「こうすれば幸せになる」と言う商品が沢山出てきている。

しかし残念ながら幸せは売り物のように、買えるものではない。宝くじにあたっても手に入るものではない。

「消費社会は価値の公害をまき散らしている」[*3]

ブランド商品は本当にそんなに価値があるのか？

セレブの生き方にそんなに価値があるのか？

今の消費社会では、「幸せ」とうつ病とが共存する。もちろん**「幸せな人」とうつ病になるような人とが共存しているように見える**のは、「幸せな人」が幸せに見える人だからである。そしてその幸せはもちろん偽《いつわ》りの幸せである。

このような人たちを現代人症候群という。

自分が不幸であるということを知らないで、幸せと思っている不幸な人たちである。

だから人々が優しくない。なかなか親しくなれない。心のふれあいがない。

経済的に豊かになりながら、うつ病が増加する。

成功者も失敗者もともに不幸になる社会

バブル経済の時代に、私は企業をはじめ色々なところから講演を依頼された。私は必死でうつ病の増加を訴えた。新入社員の研修ではうつ病にならないような心構えを話した。

しかし時代は浮かれていた。現実にはうつ病者は増加していたのに、人々は幸せの幻想にとりつかれていた。

バブル経済の時代は、「笑顔のうつ病」の時代だったのかもしれない。

消費社会の決定的な間違いは、**人々に幸せになることをあまりにも安易に考えさせたこと**である。

もう一つはそれと表と裏のような関係であるが、消費文化の中で、「これが幸せ」と言うものを手に入れられなかった人である。

こういう人たちは、不幸ではないのに、不幸だと思ってしまう。

心理的に成長していれば、決して不幸とは感じないのに、成長していない場合には不幸と感じる。

消費社会の中で、成功者も失敗者もともに不幸になる傾向がある。

消費社会の中で幸せになるためには、いよいよ心理的成長というのは重大になってきた。

人々は、**どうしようもなく落ち込んだ気持ちを立て直そうとして、消費文化の「幻想」に頼る**ことがある。ブランドものを身につけることで、何とか落ち込んだ気持ちを治したい。

どうしようもなく落ち込んでいる。その落ち込んだ気持ちを忘れたい。

その時に、話題のスポットに行ってみる、話題のレストランに行ってみる。

そうして落ち込んだ気持ちを忘れたい。

そうして、「I am happy.」と言えば何とかなる。

話題のレストランに行ってみても、夜にはなかなか眠れない。朝起きて気力が湧いてこない。

そこでまた気を紛らわすことをしてみる。消費社会はいくらでも気を紛らわしてくれるものがある。

そうしたものを沢山持っていることが幸せと錯覚する。

本当には**幸せではないが、幸せの幻想を与えてくれるのが消費社会**である。だからお金が大切になる。消費社会では、お金がなければ気を紛らわす体験がなかなかできない。

今、書いたように、消費社会になったからこそ、心理的成長がますます重要になってきた。

つまり偽りの幸せを得るためにお金が必要になる。そしてお金を得ても本当には幸せになれない。

ある人は「否定的幸せ」という言葉で、それを表現している。[*4]

そしてこの「否定的幸せ」は消費社会から生じてきたという。

そして心理的に成長できていない人は、この「否定的幸せ」を得られないということで不幸になる。

「なんで自分ばかりがこうなるのだ」と世を恨む。「否定的幸せ」を得ている人と自分を比較して不公平だと恨む。

また消費社会で頑張っている人の方は、まさにイソップ物語の犬である。存在しない肉に向かって飛びつく。そしてすべてを失う。

そんな**幸せは存在しないのに、幻想の幸せを得よう**として、自らの人生を失う。イソップ物語の犬と同じである。

消費社会で成功するために頑張っている人は、幻想の幸せに飛びついて、自分の人生を失っている。

「笑顔のうつ病」と書いたハイジ・マッケンジーは、休むことなき「あるタイプの幸せ」の追求は、人を不幸にすることもあるし、うつ病にすることもあると言う。[*5]

存在しない「幸せ」という名の不幸を求めて、今日もまた多くの人が頑張っている。

消費文化が栄える今こそ、先哲の教えに耳を傾ける時なのである。

心の底のまたその底で求める愛

消費社会の幸せとは、それ以前の時代が言う意味での幸せではない。

日常生活の虚しさを紛らわすためのお金。現実の虚しさを埋めるための名誉。

そしてさらに恐ろしいのは、消費社会のある水準に達していない人を不幸に追いやる傾向である。

自分は何も不自由はないのに、消費社会だからこそすべての人が不満になる。

消費社会の中で**ブランド品を持って幸せになろうとする人は、水に手を入れて水をつかもうとしているような人**である。水に映った逆さ富士は美しいけれどつかめない。


なじみの「おそば屋さん」をつくりなさい。

美味しいなー。

その体感が幸せ。

高級料理を食べなくていい。高級なワイン、豪華なステーキはいらない。

ふれあいがあれば、大根下ろしでサンマを食べて心が癒される。

肉ジャガを食べて安らぎが得られる。

これが心の夕餉《ゆうげ》。

心の成長があれば、どこにいても幸せを感じることができる。

ひなたぼっこをする、昼寝をしよう。

お風呂に入る。

ゆっくりと深呼吸をしよう。

幸せは体感。


金融界の成功者たちは、実は心の底のそのまた底では愛を求めている。

無意識の領域での愛情飢餓感から、大富豪が時々道に迷った言葉を言う。

あるお金持ちが言ったという「女の心はお金で買える」という言葉は、何を意味するか。

実は**心の底での愛を求めた叫びの言葉**なのである。無意識ではお金ではなく愛を求めている。意識下では「女の心はお金で買える」と言うが、無意識では逆である。

自己喪失していない女性の心は、ダイヤモンドも、すごい高級車も、大きな別荘もいらない。

実は富を誇示している人たちが、最も愛情飢餓感に悩んでいる人たちなのである。

消費社会でお金持ちになりたいと思う人は、本当の幸せを知らない人。

人は満足するとやさしい気持ちになる。だから欲張りにはやさしさがないのである。

あっちにもこっちにも手を出す欲張りは何も手に入らない。本当に好きなものがない。

欲張りな人は、自分自身のためのエネルギーがない。

「足《た》るを知る」人は、**当たり前のことに感謝**をする。

いつも悩んでいる人は、なぜそうなったか？　あまりにも欲張りで、すべての悩みがなくなるような力を求めたからである。人間に生まれてすべての悩みがなくなるようなことはない。

彼らは自己実現を忘れて、欲張りで、突っ張って、「今ここにある」幸せを感じることができない。

「今日一日風邪を引かなかった」という、今ここにある満足が持てない人は、もし大きな成功をしても満足しない。もっと大きな成功が欲しくなる。

いろいろと恵まれていても「もっと恵まれた環境、もっと恵まれた環境」ときりがないほど望む人がいる。

すべて自分にとってよくなければ気が済まない。全部がよくなければ、気が済まない。陽が当たらないのが我慢できない。

私はこれを神経症的欲張りと言っている。すべての**悩みがなくなることを求めている**人である。不幸を受け入れられない人である。

神経症的欲張りとは強迫的になっている人のことである。欲張りになるまいと思っても、欲張りにならないではいられない。

「もっと、もっと」と思うまいと思っても、「もっと、もっと」欲しい。

そうした欲張りな人は悲観主義者になる。どんなに色々な面白いことができても、それで満足しない。

意識下では「もっと、もっと」欲しいが、無意識にあるのは虚無感である。

もし「本当の自分」に気がつき、つまり無意識の虚無感に気がつき、それを認めれば、その人は変わる。

自分で自分の偉大さに気づく

つまり幸せにとって大切なのは、客観的に何かを持っているか、持っていないかではなく、欲張りなパーソナリティーであるか、欲張りではないパーソナリティーかである。

欲張りならコップに半分水がなければ、半分ないと不満になる。欲張りでなければ、半分もあると満足する。

欲張りなパーソナリティーは「あれも、これも」である。周囲の人から見れば、その要求はあまりにも欲張りでしかない。しかし本人から見れば、**その要求が通らなければ不公平に扱われているのである**。「私は被害を受けた」のである。

カレン・ホルナイは自分に対する怒りは主に3つの方法で外化されるという。[*6]

先ずイライラ。次に増大する従順と怯え。最後に身体の不調である。

カレン・ホルナイはこれらの症状は自分に対する怒りを意識できると消えるという。しかしこの疾患を心理的な原因にしないで、外部のことに原因を求める人が多い。よく悩んでいる人は、「あの本を読んだが、解決策が書いていない」という。

そういう人は、自分を意識することを拒否して、悩んでいる症状が消えることを求めている人である。

「どうしたらよいか、解決策が書いていない」と著作を批判する人もいる。

人生に、悩まない方法があると思うこと自体が神経症者の証拠である。

神経症者は人生に魔法の杖を要求している。しかし**魔法の杖をくれるのはカルト集団や政治的過激集団等だけ**である。

魔法の杖を求める人は、現実を認めないで、解決する方法を教えろといっている。そんなことを教えられるのはまともな人たちにはいない。

苦しまないで救済を求める気持ちはわかるが、それはスポーツで練習をしないで上達を求めるようなものである。

自分が防衛的価値観、防衛的態度では、人生の問題の解決はできない。解決があるように見えても、それは神経症的解決でしかない。

防衛的態度を改めようとしないで、よく「この本には解決策が書いていない」という。そういう人は、成長を拒否している。成長を拒否して救われることを求めても無理である。

解決策が書いていないという人は、勇気がなくても生きられる方法を求めている。そんな方法はない。

政治的に極端な態度と自我防衛の関連を示している論文もある。[*7]

この論文は同時に自我防衛は、有害な薬物やアルコールの問題とも関連すると書いている。

現実に直面しないで、**自我防衛しようとする時に薬物やアルコールに頼るようになるのは自然の流れ**であろう。

現実は、必ずしも人間の本能の要求を満たすものではない。

現実は、必ずしも私たちの存在を肯定してくれるものではない。あなたは生きる価値があるというように自分の存在を肯定してくれるものではない。

そこで現実を否認することで、自分の価値を守ろうとする。

他人のために水を運んでいるのに、それを他人に認めてもらえない悔しさ、苦しみ。

自我の確認を他人の承認に頼っている以上、不満の解決策はない。

子どもを助けるため、自分の体力で頑張って水を運ぶようになれば、悔しさ、苦しみはない。

いつも心理的に他人に依存している人は、たとえ世界中どこにいても、何をしていても、生きるのは辛い。

自分の偉大さを人に見せようとしている限り、**自分が自分の偉大さに気がつく**ことはない。

人に見せるためではない仕事を始めた時、人は自分の偉大さに気がつく。

まず気がついたことを書く

うつ病になった。毎日が何となく不安である。その上、すべてが億劫。

「自分がこうして億劫でも、誰も助けてくれないんだな、こういう時には誰も本気で自分を助けてくれないんだな」

先ずそこに気がつくことである。

だから「こうして死んでいく前に、ただこうしているのなら、自分の心に抱えていることを書こう」と決心する。

大きなことを書くのでなくてよい。完全な文章を書くのでなくてよい。

自分は**何か心に問題を抱えている**のだから、その抱えていることを書いてみよう。そういう心の姿勢でよい。

食事がしたくない、「誰かが食事を運んでくれれば食べたのになあ」と書くのでよい。

やっぱり自分は食べたいのだとか、誰かを求めているのだとか。そういうことを書くのでよい。

誰かを求めているのだとか、誰に作ってもらいたいとか。

「梅干しを食べてみたい」と思えば、生きるエネルギーがまだある。

何で梅干しが食べたいと思ったのかも考えてみる。もしかすると、その時には気がついていないかもしれないが、昔梅干しを食べた時に一緒にいた人と心がふれあっていたのかもしれない。

書くのは毎日でなくていい。今日、思った時に、思ったことを書いてみる。

そうしているうちに「悩みの原点」がわかってくる。

ちょっとしたメモ。それで「あーこういうことだったんだ」とわかる。

そうしていれば、ふとした時に自分がわかる。

「どのノートに書こうか」などと思わない。日記にしない。思ったことをそのまんま書く。はっとしたら書く。

「ノートに書きましょう」ではなく、メモでいい。日記にすると書くことが辛くなる。

そうして書いていると「へー、人間が10日でこんなに変わるものか」と気がつくかもしれない。

これをみると「私は結構頑張っている」、そんな風に思えることがあるかもしれない。

自分の**気持ちがだらだらしていると、だらだらしてしまっていると思うが、結構よく頑張っている**こともある。

今の人間関係についても書いてみる。

この人とは**どんなことがあっても、別れよう**、そう思ったらそう書く。

「この人とは10年先にはどうなっているのかな？」と思ったらそう書く。

この部長とは今は付き合うけれども、部長が「定年退職」してからは、付き合わない。

これらを「神に誓う」と書く。

嫌なことを書いたら「これは、10年頑張ればいいのだ、10年経てばなくなっている」とか書いてみる。

書いた方がすっきりする。

100年経てばみんな死んでいる。

朝起きてもだらだらしている。

朝8時半に起きる。ジュースを飲む。

味が全くない。「10時頃、外出の支度をしよう」と思う。でも「今は何もしなくていいか」と思う。支度しない。

渋谷に行く。歩くことが大事だけれども車を使う。「ヤダなー」と思う。

しかし自分を責めない。
「2時半に渋谷を出る」
そんなどうでもよいことを書くのでよい。
仕事の準備、全くしたくない。
時間を潰しているだけ。それを書く。
それでよい。
書いていることで、心の中に何か変化が起きている。

過去の問題を消化する

『Writing Cure』という本がある。書くことによる治療について色々と書かれている本である。[*8]

書くという行為がカウンセリングやセラピーにもたらす効用について、**治療者と被治療者の両方の立場から総合的に解説**する学術書である。要するに筆記療法である。

その序章に次のような話を、イアン・マクミランという人が書いている。

以前、子どもと学校に行く途中で牛乳配達人が落としていった買い物メモを拾った。

「パン一斤《きん》。いや、やっぱり二つ（One loaf. PS, make it two）」。

この時に書くことで気分がよくなれるということに、筆者は気がついたという。

牛乳配達人はそのメモを落としたのか、捨てていったのかわからない。おそらく捨てていったのだろう。つまり書いたことで、気分が晴れて捨てていった。

何かを「こうしよう」と思う。そう思って書いたけど、やっぱり「ああしよう」と思う。

こう書いて心の整理ができたのである。迷っていることを、**迷っているままに書けばよいのだ。**

心を整理しようとして書くのではない。書くことで整理ができる。

書くことがその人に力を与えるのである。だから書くことは人に見せる文学作品ではない。

今自分が書いているということの目的をしっかりと意識することである。書いているうちに自分が自分に頼る力を得られるようになるかもしれない。

心の整理をしようと目的にしなくても、書いているうちに自己認識ができるかもしれない。

私も色々な手紙をもらう。次のような手紙をもらうことがある。

「書いてきて、不思議に気持ちが落ち着きました。不思議に書くにつれて落ち着いてきました」

うつ病になるような人は、自分は本当は寛大ではないのに、寛大なふりをして生きてきた。純粋ないい人ではないのに、いい人を演じてきた。仮面をつけて生きてきた。

寛大な人が、寛大な生き方をするのはストレスではない。寛大でない人が、寛大でない生き方をするのはストレスではない。

しかし**本当は寛大でない人が、寛大な生き方をするのはものすごいストレス**である。

とにかくうつ病になるような人は、誰彼なしにいい顔をしてしまう。

そこから生まれたストレスや憎しみを、うつ病になるような人はまだ消化できていない。その種の嫌な体験が積み重ねられてうつ病になる。

傷ついた時に、他の感じ方はないものかと立ち止まって過去を見る心の習慣を身につければ救われる。

心が疲れている人は、心理的に未解決な問題が多すぎる。食べたものが胃の中にまだ残っている。自分の中で消化できていない。

様々な過去のトラブルはたとえ社会的に解決していても、心理的に解決していない。

心理的に解決していない体験を繰り返していれば、理由がなくてもなぜか腹が立つ。

人を自殺に追い込むのは、心理的に未解決な心の葛藤である。*9

人は「彼は失恋で自殺した」という。しかしほとんどの人は失恋しても自殺しない。

失恋で自殺した人は、**心理的に未解決な心の葛藤が原因で自殺した**のである。

すぐに一気に、片づけようとしない

今日一日、自分の中で気になったことを消化しよう。

うつ病は、気になることを解決しないで、それを積み重ねてきた。

それが続いたので今は何とかいいが、明日が心配である。

何となく不安になる。理由がわからないままに不安が酷くなる。

この不安な感情は何だろう？　そう考え、そう書いてみる。

別に、別に、別に。

そう言っても、解決していない。

気づいてみれば、自分の苛立ち。

なぜか？

そう考えてみる。

それは自分だけのスケジュールがないから。解決を焦っているから。安易に今、解決しようとするからその場だけの解決に走る。

だからこれからは時間をかける。

今までは逃げてきた。問題を解決しないで、そこから目を背《そむ》けて生きてきた。だから訳もなく焦っているのである。

焦るまいと思っても焦る。それは**何か重大な感情から目を背けている**からである。

不安のくすぶったところにいたら、「永遠に不安なんだなー」、そう気がつくかもしれない。

不安のくすぶったところ、それはどこ？

あの時代、それとも別の時代、◯◯の時代は？

あの人、それとも別の人？

そしてその人から逃げた。

不安のくすぶったところを出て、別のところに来た。それでその時はよかった。

しかしまた、不安に悩まされている。

環境を変えてもなぜか不安というのは、その人の心が問題だから。

それは好きなものがないから。心に葛藤があるから。

だから時間をかけて好きなものを探す。心の葛藤に直面する。

どうしても**好きなものが見つからない時には、心の何に原因があるか**を考える。

無意識の憎しみに自分が支配されている。無意識の劣等感に自分が支配されている。

自分の症状を分析する中で、自分が見えてくる。

今いる環境が、イクチクするなら環境を変える。

今いる環境が、本来自分がいるのに適した環境と違っているから、理由がないのにイライラする。

人間関係を変える。職場に行く道を変えてみる。昼飯に行く場所を変えてみる。

そして「何で変えているのか？」を常に意識しておくことである。「何のために」と意識する。

何事もすぐにしようとするから無理が出る。

時間をかけて徐々に変えていく。

整理してみる。

一日1冊本を捨てていく。それは**生きる方向性を変える**ことに通じている。

うつ病になるような人は、一気に部屋を整理しようとする。

苦しいからすぐに変えようとする。

とにかく「徐々に」でよいから人間関係を変えてみる。真っ向から反対の人とも接してみる。

もし「あれ？」と思ったら、今の人間関係に問題がある。

今、自分は「生きるか死ぬか」の瀬戸際《せとぎわ》にいる、それを意識すれば人間環境を変えられる。

不健康な人間関係は、その時の一瞬は楽。

しかし10年経ってみれば、その人間関係は今よりもっと苦しくなっている。

その人間関係がだんだんと辛くなった。それは**その人間関係が間違いだから、本質的に不健康な人間関係**だから。

間違った人間関係は、はじめは心地よい。

その時によいと思った会社でも、他の会社の方がよかったかもしれない。

本来はいればいるほど絆が強くなっているから、そこが居心地よくなるはずである。

家でも長く住んでいれば居心地がよくなる。

「一年の居心地はどうか」と反省する。職場もすぐに辞めるからおかしくなる。

本当のことは時間が経ってわかってくる。焦ることはない。

死ぬ時に生き方を後悔したくない

自分は蛸壺《たこつぼ》の蛸である。

本来は時間が経てば、そこに慣れ親しんでくる。

居心地が悪くなれば会社は借り物だった。自分が仮の姿であった。

「食べていられないから辞められない」と言う。

しかし10年して燃え尽きたら、そこにいたことは正しいか？

将来の安定性を考えてそこにいても、20年後にうつ病になるならどうするか。

今「居心地のいい場所」を築けない人が、その原因を反省しないで、将来居心地のいい場所を築けるわけがない。

10年後も今の状態は続く。

自分の心を見つめないで、**不安やイライラや焦りをすべて周囲のことに責任転嫁すると**、辛さはもっと深刻になる。

生き方の間違っている人は、仕事のためではなく、心の不安にエネルギーをとられる。生きることそのものではなく、不安に生きるエネルギーをとられる。

今、不安に生きるエネルギーをとられていても、「よくここまで来たなー」と思えばいい。強さがあったからここまで来られた。

心の中に、憎しみの歴史をもったままで死んだ人は地獄だろう。

うつ病になるような人は、全部に対して仮面を被って生きてきた。放蕩《ほうとう》三昧をしたら気が晴れたろう。うつ病になるような人はそれができない。

皆に見放されるのが淋しいから。

うつ病になるような人は嫌いな人でも、相手にしてくれる人のところに行く。そこでまた憎しみが増す。

こうして生きていると、**死ぬ時に自分の生き方を後悔する**、これが地獄である。

運についてカーソンという人が書いた興味深い本がある。幸運を呼び寄せるための13の知恵とでもいうべき本である。

カーソンは幸運をつかむ知恵の一つとして「見つけ出す」ということを言っている。

もしそうした努力ができるなら、自分の基準だけが唯一の基準としていたことに気がつくであろう。そうして次の幸運へと道が開ける。

不満になる人の努力とは、自分のためでもなく、相手のためでもない。自己中心的な基準に照らし合わせて行われている努力である。

別の基準を見つけ出さない。

人は「重いー」と感じた時、「これが、ずっーと」と続くと思うと、「勘弁してー」という気持ちになる。

だから**今日一日を精一杯生きる**ことを考える。あまり先を考えない。

人に認めてもらうために大きいことをしようとしている人は欲求不満になる。うつ病になるような人は、うつ病になるほど身の程にあわない大きいことしようとしていた。

それを自覚することである。

　小さなことから始めよう。

「今日一日を人生最後の日でいい」と思って生きる。

「この幸せを続かせよう」とすれば悩みになる。恋愛も同じである。今のこの幸せに感謝する。

　今日一日を精一杯生きる。それが結果として続く。

　今日一日があればいい。「この幸せをいつまでも」と思うと悩みになる。

　明日は考えない。

「お金を貯めよう」という気持ちと同じ姿勢で生きると、心理的におかしくなる。

　今日を精一杯生きることは、お金を貯めようという姿勢とは違う。

　今日一日幸せに生きられた自分。幸せになれるように生きた自分。

　うつ病になるような人は、その自分を誇りに感じることがない。

　今が大切ということは、**今の小さなこと、こんなに小さなこと、それを続ける**ことである。

それを続けると、結果として将来にこんなことがあるということになる。

積み重ねが、信じられるものを生む。

毎日、神さまを拝むから神さまを信じられる。小さな事の積み重ねで人は幸せになる。

うつ病から回復するためには、小さな満足を積み上げていく。

心の品格を思い出す

うつ病になりそうになったら、自分の特徴を思い出すことである。

うつ病の人の過去を別の視点で見ればどうなるか?

世の中には人を騙す人がいる。人を犠牲にして自分の利益をあげている人がいる。人を利用して生きている人がいる。

しかしうつ病になりやすい人は、ひとを騙す人ではない。

騙す人と騙される人では、騙す人が悪い。

うつ病になりやすい人は、**自分は人を騙しては生きてこなかったということを自分に向かって確認する**ことが必要である。

それは人間としての何よりの誇りである。

人を騙して巨万の富を得るよりも、人を騙さないで貧しく生きてきた方がはるかに人間としては質がいい。

うつ病になりやすい人は、自らの「心の品格」を誇りにしなければならない。

うつ病になりやすい人は、自分の仕事をきちんとしている。悪いことなど何もしていない。

それにもかかわらず仕事できちんとしていないという「負い目」を感じるような人である。

その人の**仕事の基準が高すぎる**のである。高すぎる基準に達しなかったことで、負い目を感じている。

高すぎる基準は、自分への失望の表れである。認めてもらえない自分への失望の表現である。

自分に失望している限り、高すぎる基準を是正できない。「なぜ私は自分に絶望したのか？」を考えることである。

すると何の理由もないことに気がつくに違いない。

私は小さい頃から、自分にとって重要な他者から、非現実的なほど高い基準を要求された。単にそれだけのことに過ぎない。

私には私の運命がある。それを理解することである。

仕上げられなかった仕事が気になって、眠れぬ夜を過ごす。そうしていつも仕事に追われている。いつしかストレスでうつ病になっていく。

しかし考えてみれば、世の中には**仕事といっても人を騙すことが利益につながるような仕事**をしている人が沢山いる。

そして彼らの中には巨万の富を得ている人もいる。そして「勝ち組」と言っている。

こうした勝ち組の人の老後は惨《みじ》めである。必ずそのツケは孤独ということで払わされる。そういう人は、歳をとって周りに誰も信じることのできる人がいない。

仕事に追われて、期待したように仕事が片づけられない時に、「この仕事が全部できなくても、自分は時代の寵児《ちょうじ》と言われている人よりも、人間としてははるかに神の目にかなっている」と思えないだろうか。

「私はびくびくする必要などどこにもない」と思えないだろうか。

「心の品格」は、あくまでも「心の品格」である。現世の御利益《りやく》ではない。

うつ病になりやすい人は、うつ病に陥りそうになった時に、自分には「心の品格」があるということを忘れてはならない。

人を騙すことで生計を立てている人がいる世の中で、うつ病になりやすい人は、人を騙して生計を立てていない。

自分が自分を騙したのである。自分が自分を裏切ったのである。

うつ病になりやすい人は、それを考えて自分への失望を癒して、自分は自分に高すぎる要求をしていると、考えることである。

私には**私の運命があると心の中で言う**ことである。要求を現実的なものに変える。

うつ病になりやすい人は、「自分は、今の仕事を完成しなくても、この仕事をしているだけで十分なのだ」と自覚することである。

しかもうつ病者のしている仕事は、たいてい自分の不得意分野での仕事である。

人を騙して給料をもらい、人を騙して立派な家を建てて、平気でいる人がいる。そうした世の中で、何でうつ病になりやすい人だけが、そこまで自分を追い込む必要があるのか。

うつ病になりやすい人は、高すぎる基準を立てて、自分を追い込み、そして結果として生命の衰弱に陥っている。

自分が幸せになることをやめる

うつ病になるような人は、小さい頃から苛められて生きてきた。先ず家族の中で苛められた。社会に出てからも搾取された。

怒りが信じられないほどものすごく蓄積している。無意識には**怒りと不信が渦巻いているのだ。**

その激しい怒りは無差別の憎しみになり、社会的事件を起こしてもおかしくない。無意識の世界では誰も信じられないのだから、社会を驚かす無差別殺人事件を起こしても不思議ではない。

それなのに真面目な人間として、とにかく今日まで生きてきた。

それはものすごいことなのである。想像を絶する心理的困難を次々に乗り越えてきた。自分で気がつかないうちに困難を次々に乗り越えてきた。

先ず、**困難を次々に乗り越えてきた「この自分」に誇りを持つ**ことである。

ただ生き方を間違えた。家族も信じられないが、よき指導者にも恵まれなかった。仲間にも恵まれなかった。

しかしそれは、素晴らしい人たちに出会っていないということではない。

そういう誠実な人と出会っているのだが、うつ病になるような人は、そういう誠実な人たちを大切にはしなかった。うつ病になるような人は人との出会いを大切にしなかった。その結果が今の酷い人間関係である。

今、何も食べたくない。

「なぜ食べたくないのか？　何か家に問題があるのではないか」

それを正直に書く。

自分に正直になるということは告白することだけではない。

こうなったら自分はこうなるというように書くことである。

いやな人にのめり込むまいと思ってものめり込んでしまう。

そう考えて、「なぜ自分はそうなるのか？」を書くことである。それが自分に正直になることである。

あんな人に気に入られたいと必死の努力をしてきた私を反省する。

あの人にはずいぶん損をさせられた。ずいぶん利用された。ずいぶん振り回された。

あの人のおかげで、あの時期は周囲の人間関係はメチャメチャになった。

「なぜ相手は自分に対してそれをしたか？」と考える。その意味を考える。すると自分が見えてくる。

「こっちも酷かった」という反省がないと、またいやな人にのめり込んでしまう。

いやな人にのめり込むまいと思ってまたのめり込んでしまう。いやな人にのめり込む必要性が自分の心にあるのだから。

自分に**正直になることは、自分の本当の姿を自分が知る**ことである。

本当の自分を見つけると次のことがわかるに違いない。

自分は自分が幸せになることをやっていない。

自分に正直になることである。

先にも書いたように、自分に正直になるということは、ただ告白することだけではない。

「こうなったらこうなる」というように書くことである。

そうか、やっていない、と気がつく。

自分の思うとおりにいかない。

自分ではできないことがわかる。それがわかることは大切。

うつ病の時には、**自分は自己実現していないことを気がつく時**である。

今までの努力は自己否定的な努力であった。すでに述べた自己消滅型の努力である。

人に迎合した。そして人から無視された。その恨みを晴らしたいために努力した。

色々努力はしたが、その努力は見捨てられるのが怖かったり、軽蔑されるのが怖かったりする恐怖感からした努力である。

うつ病になるような人は自己実現のための努力をしていない。ここがポイントである。意志は強かったかもしれないが、ロロ・メイの言葉を使えば自己破壊的な意志である。これからは**自分が幸せになるために努力する**ことである。これからは相手の幸せのための努力をすることである。

この二つは本質的に両立する。

アドラーは、子どもは社会的利益と個人的利益とが本質的に両立するということを学ばなければならないと述べている。[*10]

アドラーの言う通りである。

うつ病になるような人はこれを学ぶ機会がなかった。色々と本を読んで学んだが、道路で仲間から学ばなかった。ブック・スマートではあったが、ストリート・スマートではなかった。

自信のある人はよく笑い、感情を出す。感情を出すことが親しさの条件。自信のある人は人と親しくなれる。

すべての偉大な人は、丸太小屋で生まれた

何も捨てられず、理想の自我像にしがみついて生きているような人は、想像の中に生きている。

極端に言えば幻想の中で生きている。幻想の中で生きている人は、大変多い。

『Mind Body Medicine』（1993）という、本がある。[*11] 心と体がどう関係しているかという論文をたくさん集めた本である。その『Mind Body Medicine』という本の中に、ある人の次のような詩が載っている。

Throw away all thoughts of imaginary things. すべての幻想を投げ出せ。

要するに、「感情は囚われに基づいている、コンテクストは学習される。そのことによって、いかに多くの人が優位な未来を失っているか」という論文である。

事実は、**未来は洋々としている、ところが、本人自身がそれを拒否**している。

だから、「throw away」が大切なのである。

もう、投げ出せ、ということである。もう想像できていることというのは、みんな過去に学習したことだから。斜《しゃ》に構えた人々は今に接していないという主張である。

だから、大切なのは、現実に接することだ、という主張である。

嫌いな職場で出世したら、それこそ地獄が待っている。外側における**自己栄光化の道は、内面では自己蔑視への道**になる。[*12]

この場合、出世できないのが救いである。出世できないのが神の救いである。

人は色々と体験するが、その体験の意味を考える。この体験は自分に「何を教えているのだろう？」と考える。

その結果、すべての体験が、「人生好転のきっかけ」になる。

アドラーの言う「苦しみは解放と救済につながる」は、そのまま苦しみは「人生好転のきっかけ」という意味である。

すべての偉大な人は丸太小屋で生まれた。これは、アメリカの伝記作家マーデンの主張である。

丸太小屋で生まれたことを、嘆かないで活かした。リスク・アボイダーでなくプロアクティブだった。

それはコントロール感覚であった。

自分の体の条件を考えて仕事をした。

腰痛持ちだから、「こうしよう」と考える。足が不自由だから、棒高跳びの選手を目指さない。

適切な目的をもつことがコントロール感覚である。

コントロール感覚は「自分の限界を受け入れる」ことであり、「不幸を受け入れる」ことである。

自分の条件を無視して、わがまま放題をしようとするのがコントロール感覚ではない。

レジリエンス（復元力）のある人は、背水の陣で戦った。レジリエンスのある人は、**神に祈りつつ、自分の力を用いる**以外に生きる方法がなかった。

保護と迎合で生きる方法はない。

迎合しようにも迎合する人がいない。

レジリエンスのある人の最大の強みは、抑圧の必要性がないこと。

親への敵意を抑圧しなくてていいのである。

人を見分ける眼がある。

レジリエンスのある人の強みは、執着しないことである。執着性格ではない。

フランクルの言う断念は、「忘れろ！」である。「捨てろ！」である。

悩みをかかえて立ちつくすな

ある人が手紙をくれた。

仕事は3年目に入る。仕事が嫌になる。父親はいなかった。母親は再婚、借金があった。いつも家にいなかった。母親がいない時に、兄に暴力を振るわれた。

中学校時代に、非行に走る。

今、妻といることは楽しい。

「過去は忘れろ」と自分に言い聞かせている。

「私さえ我慢すれば」はレジリエンスのある人の愛ではない。

フランクルの言う正しい態度とは、**不愉快な気持ちになった時、傷ついた時、悲しい時、「この辛さは自分に何を教えているのか」と考える心の姿勢**である。

「辛い、辛い」と嘆いているだけでなく、ここから自分は「何を得られるのか？」を考える心の姿勢である。

何か不愉快な気持ちになった時に、「これは、別に事実としては不愉快なことではない」と言い聞かせる。

今の気持ちが、唯一の可能な気持ちではないと自分に言い聞かせる。

たまたま自分が、「この体験を自分が不愉快と感じただけである。違った感じ方も可能なのだから、違った感じ方をしよう」と思えばよい。

そして事実その時に不愉快な体験があったからこそ、傲慢《ごうまん》にならなくて、未来の悲惨な事件を回避できたということもある。

その**不愉快な体験があったからこそ、もっと酷い目に遭うことを未然に防げた**ということはいくらでもある。

小さい頃の不幸な家庭環境がある。毎日の日常生活が不満だった。

親子関係も、兄弟との関係も不満だった。

小さい頃の人間関係の問題がまだ心理的に未解決である人は多い。

そうすると、その成長した家族関係の問題を、結婚した今の家族関係に持ち込む。


先に書いたように悩みは、何でもかんでも欲しいと思うから出てくる。捨てればいい、とにかく捨てればいい。


自分が幸せになるために「捨てる」。

高齢期になったら、一人で遊ぶ方法を見つける。

高齢期になったら、これがあるから不幸せというものを捨てる。大きな**財産の相続で不幸になっている人の何と多いことか**。

捨てれば、「これが自分の道。新しい道」というものが見えてくる。

悩んでいる時は、捨てる。

明るい人を観察してみる。欲張りだろうか？

捨てようとしても、決断できない自分。

大きな魚を捕ろうとしたが、小さな魚を捕ることにする。

そして両方とも逃げられる。

もっと大きな魚が来ると思って、今の魚を逃がす。

「もうけよう、もうけよう」と思っているから、自分で食べられないものまで捕ろうとする。

倉にお米を入れて、あまってはみ出したら、もったいないと悩む。

ガラクタを大切に思っているから捨てられない。ガラクタが悩みの原因。捨てられないから悩む。

年齢とともに生活が縮小するのは潔さである。

歳をとったら生活するのに必要なものだけでよい。それは若い頃のように多くはない。

高齢期になっても、まだ**悩みを乗り越えようとしていない人**がいる。止まっているだけ。

そういう人は棺桶に入る時に後悔する。

ガラクタを捨てられないままに、ストレスから病気になる。

捨てられないで沢山の物を持っていても、病気になった時に「水を持ってきてほしい」「タオルを持ってきてほしい」と思うが、誰も持ってきてくれない。

壮年期を過ぎたら、**いつまでも悩みをかかえて立ち尽くしていないこと**。壮年期を過ぎたら、自分は「何でこんなに捨てられないんだろう？」と自分に聞いてみる。

気になるガラクタが、どんどん増える

私の所に来る手紙に中には、よくもここまでと思うほど自分の哀れみを訴えていると思う手紙がある。とにかく「私はこんなに悲惨」と訴えている。

中には「私は学校から帰って、自分一人で食器を洗い……」などと冗談みたいな訴えもある。

それが二十歳を過ぎた女子大学生である。

読んでいる方はいったい何が辛いのかと驚いてしまう。書いている方は小さい頃から日常生活をきちんとしていないから、それが酷いことになってしまう。

つまり何でもかんでも自分の哀れみの材料になってしまう。当たり前の日常生活さえもが、人からしてもらうことを当たり前と感じているのである。

「一体あなたは何歳なのだ」と言いたくなる。

が、彼女にしてみれば何をしても、周囲の人たちが、「わー、○○ちゃん大変ねー」と言ってくれるのが当たり前になっているのだろう。

周囲の人がそう言ってくれない、と周囲の人に不満なのである。

だから「私はこんなに惨めなんですよ」と訴えていることの内容が信じられないほど幼稚なのである。

哀れみを訴えながら努力をしない、これがきずな喪失症候群で悩んでいる人の共通性である。きずな喪失症候群とは、心の絆を失った人たちである。

悩んでいる人は**努力しないで楽に生きよう**としている。これが悩んでいる人の手紙の共通性である。

くどいようだが悩んでいる本人は努力しているつもりである。しかしそれは過去の悩みに火をつけているような努力である。悩んでいる人は努力が筋違いなのである。

つまり悩んでいる人は努力しているつもりだが、「何でもいいから自分の好き勝手にさせてくれ」と言っていることと同じである。本当の意味で努力はしていない。

端《はた》から見ると「この人は悩むのが趣味だな」としか思えないようなことをしているのである。

ノイローゼになるような人は、**気になることを一つひとつ片づけていく**ことをしない。一つひとつ片づけていくことが「案ずるよりも生むが易し」ということの意味であろう。

「あの人に電話をしなければ」と気になっている。「あの人に計画の変更を早く話さなければ」と気になっている。

「早くあの人に地図をファックスしなければ」と気になっている。しかし気が焦りながらもファックスをしない。「しなければ、しなければ」と気にしつつ、いつまでもしない。

電話をしなければと気にしつつ、いつまでも電話をしない。その間、気にしているから疲れる。

一つひとつ解決していけばいいのに、それをしないで気にばかりしている。一つひとつ解決すればいいのに、**逆に次から次へと気になることをためていく**のだ。気になることが増えていく。

その中には気にする必要のないものもたくさんある。捨てればいい「ガラクタの缶」をガラガラと引きずって歩いているようなものである。

そして重い気持ちになる。「何か、やる気がしない」と言い出す。ストレスだと言い出す。「その引きずっている〝ガラクタの缶〟は必要ないから捨てれば楽になる」と言っても捨てない。捨てないでおいて「私は辛いんだ」と言い出す。「ほかの人の人生と違って、何で私の人生はこんなに辛いんだ」と言い出す。

ノイローゼになる人は、捨てればいい「ガラクタの缶」を自分から捨てないでおいて「私は辛いんだ」と言う。端から見ると「この人は悩むのが趣味だな」としか思えないようなことをしているのである。

例えば「あの人に電話をしなければ」と気になっている人がいる。

この人は電話をしないばかりか、電話をしないから「相手は、電話をしない自分をどう思うか」を気にし始める。

つまり**自分からどんどんと悩みを増やしていく**のである。それでいて「ほかの人の人生と違って、何で私の人生はこんなに辛いんだ」となる。

だから悩みは心の在り方で解決するのである。逆に言えば環境がどんなに変わっても悩みはなくならない。悩んでいる人の望み通りに世界がなっても、また次に悩むことを見つけてくる。

悩んでいる人は本当に「どうしてこうまで」と思うほど必要のない「ガラクタ」を引きずっている。

夢のために戦う時は、荷物を降ろせ

そういう私も若い頃は必要のない「ガラクタの缶」をガラガラといわせながら引きずって歩いていた。引きずる必要などどこにもないのに、自分が一人で勝手に捨てないで引きずっているのである。

それで「大変だー、大変だー」と騒いでいる。

そして今書いたように「ほかの人の人生と違って、何で私の人生『だけ』はこんなに辛いんだ」となる。ほかの人は捨ててもいいものを捨てているだけで、その人と何も変わりはない。

ほかの人も「ガラクタの缶」を捨てなければ、同じようにガラガラと大きな音をたてて歩いていることになるのである。

「悩んでいる人は自分『だけ』が悩んでいる」と言う。それは「悩んでいる人『だけ』が「ガラクタ」を捨てないで、引きずって歩いている」ということなのである。

満足とは**心の整理と今を充足すること**である。

人間関係などで心の整理をする時に必要なのは、まず「そもそも自分の得ている情報は正しいのか？」ということである。

どういう経路で情報が入ったか。「自分は誰かからささやかれた情報に踊らされていないか？」と考える必要がある。

そしてその情報に接して「自分がこういう感情になることは、誰かにとって都合いいことではないか？」と考える。

何が自分のイラショナル・ビリーフか、何がイラショナル・ビリーフではないのかを整理する。それも心の整理学である。

イラショナル・ビリーフとは、理屈に合わない考え方である。

自分の**心の中に問題があるから辛いことになっている問題と、外側の世界に問題があるから辛いことになっている問題**とを区別しなければならない。

こうして**心を整理していくのが心の整理学**である。

アメリカのテレビのパーソナリティーであり、人々を勇気づける演説家であるレス・ブラウンが書いた本に次のようなことが書いてある[*13]。

ブラウンは貧しい母親の重い荷物であった。彼は自ら言うようにそうした意味では害になる少年であった。

彼が食料雑貨屋から帰ってくる時の話である。近所の少年たちがお互いの戦いに飽きて、彼と戦う方が面白いと思ったのである。

「そいつにかかって、殴れ」と新しい近所の人が叫んだ。それを母親が聞いた。

近所の人が少年をけしかけて彼の上に襲いかからせるのを聞いた時、彼の母親はドアに駆け寄った。母は少年たちが彼の上に襲いかかっているのを見た。そして彼は戦っていなかった。

彼の養母は貧しかった。だからどんなことがあっても買ってきた野菜を離してはならなかった。母親は夫がいなかったし、お金もなかった。そしてカフェテリアで働いていた。彼女は無駄に耐えられなかった。

彼は、買ってきた野菜を離さなかったから、戦えなかったのである。彼は従順な少年だった。

しかし母親は外に出て、少年たちを見た時に、「その野菜を捨てろ、そして戦え」と叫んだ。

そして彼はそうした。

そして彼は教訓を得たという。それは何か。

「あなたの夢のために戦う時が来たら、荷物を降ろせ」ということである。過去からの荷物は私たちの戦う力を殺《そ》いでしまう。

それを自分の夢のために「捨てろ！」と彼は言う。しかし生身の人間で完全に無欲の人はいないであろう。

捨てられないのは欲張りだからである。

だから「捨てる」には意志がいる。ヴィクトル・ユーゴーは「人々に足りないのは力ではない。足りないのは意志である」と述べている。

決断に必要な意志とは「捨てる」意志でもある。「意志が足りない」とは「捨てられない」ということである。捨てられない人は何事も成し遂げられない。

人まねではない自分の人生を選択する

低い自己評価。これがあるから捨てられない。

心の整理学には「捨てること」が必要である。あの人には**嫌われてもしょうがないと決めるのが「捨てる」ということ**である。

何をすべきかわかっている時我々は、気楽にしているとシーベリーという心理学者は言っている。

恥ずかしがり屋の人は自分がない、だから自分が何をすべきかわかっていない。

気楽の反対は病気である。英語で病気は dis-ease である。ハイフンで区切ってみるとよくわかる。

そして恥ずかしがり屋の人は「この人生で何をしようか？」という目標をはっきりさせることである。自分が**「何をしなければならないか？」これだけが私にとって重要である、他人がどう思うかではない**、と言ったのはエマスンである。他人によく思ってもらうために自分を消耗させることはない。

人まねではない自分の人生を選択するための、励ましの言葉をあげておこう。私がよく訳すシーベリーの本にでていたイギリスの詩人マシュー・アーノルドの言葉である。

汝《なんじ》自身であることを決意せよ！　そして、自己を発見した者は惨めさを忘れろと知れ。

完全であるべきという基準は、ずっと災いのもとです。[*14]これは復讐的。

自分の子どもに相対した時には神経症的要求である。子どもは完全でなければ受け入れてもらえないと感じるようになる。

患者は彼の存在が彼の当為《とうい》に対して恥ずべきであることを、うつ病という拡大し歪める虫眼鏡の下で見出すのである。[*15] この存在と当為の深淵《しんえん》のように体験され、経験される。

存在と当為の緊張は、うつ病という生のひき潮によってあらわになる。

うつ病が原因であって、存在と当為との間の緊張がうつ病の原因ではない。ひき潮で暗礁《あんしょう》が現れても、ひき潮の原因が暗礁ではない。

うつ病というのは生のひき潮のことである。ひき潮が進むにつれて暗礁は大きくなる。

うつ病それ自体は、「何らかの身体病であって、おそらく生命力の低下としてもっとも適切に特徴づけられるものであろう」。

生命力の低下自体の生み出すものは、まさに漠然とした不全感情にすぎないのであるが、この病気に見舞われた当の人間は、ただ腹を射貫かれた猛獣みたいに、這《は》い逃げるばかりでなく、**その不全感を彼の良心、彼の神に対する罪として体験**する。

悔いるだけでそれを取り戻す行動には出ない。悩んでいる人はこれと同じである。

「こうする」がない。

高すぎる基準を自分に課してしまうのには三つ理由がある。

1　先ず重要な他者によって小さい頃高すぎる基準を課せられた。それを内面化した。その人へまだ心理的に依存している。「実際の自分」を受け入れられた体験が乏しい。「実際の自分」では周囲の人は自分を相手にしてくれないと感じてしまっている。

2　その結果低い自己評価となる。低い自己評価によって失われた価値剝奪《はくだつ》を取り戻そうとしている。

3　もう一つ**重要なのは、自己実現をして生きてこなかった結果**である。

自己実現していないから実際の自分というものを実感できない。自分が実際の自分を感じられない。

そこで実際の自分とは関係なく高い基準を目標にしてしまうのである。

「愛されたい」という願望でもある願望を外化してしまう。そしてその願望を「実際の自分」と勘違いする。「実際の自分」よりも自分の願望の方が実感がある。

自己実現していれば本当の満足を知っている。生きることに満足感がある。

それは今の日本と同じである。世界第何位の経済大国というような、実際の日本の実力にとっては高すぎる基準を課している。そしてその基準にあわせようとするからやることなすことすべてうまくいかない。

イライラ、怯え、体の不調

典型的な例はカルト集団であるが、そこまでいかなくても絶えず人間関係で問題を起こして孤立している人は、本質的には同じである。日常生活でも孤立している人は、多くの場合心に問題を抱えている。

孤立している人はどうしても**「なぜ自分は孤立したのか？」と考える心のゆとり**がない。

「なぜあの人は自分にだけあのような態度をとったのか？　他の人に対しての態度と自

分に対しての態度とはなぜ違うのか?」

こう考えられれば生きる道は見えてくる。道が見えてくればエネルギーは湧いてくる。

「なぜ自分は孤立したか?」と考えて、心の整理をすれば、道は開ける。

ところがそういう時には、頑《かたく》なになる人は「周りは全部バカで、私一人が立派」と無理に思っている。そう思って危機を乗り切ろうとする。

そう思っている時には、「私はノイローゼではないか」と一度反省した方がよいのだが、それができない。

まさにカレン・ホルナイの言うノイローゼの特徴である「栄光と孤立」に陥る。

「捨てる」ことは新しい世界への入り口である。捨てることで再出発できる。

何か毎日訳もなく不愉快で、イライラする。そういう場合には**自分の中に捨てるべきものがあるのに、捨てないでそれにしがみついている**からである。

それは会社のポストかもしれないし、愛という名で自分を束縛している親かもしれないし、そこから生まれる将来の「夢」かもしれないし、「確信」という名の偏見かもしれないし、淋しいからしがみついているだけの「好きでない恋人」かもしれない。

もし信じている「価値」が、本当であるなら毎日がそんなに不安であるはずがない。意識下では信じていても、無意識では信じていない。だからその「信じている価値」は心の支えになっていない。

偏見にしがみついていては人生の再生はない。

カレン・ホルナイによると自分に対する怒りは、第一にイライラとなって表れる。第二が怯えであり、第三が身体の不調である。

外では第二の特徴の怯えが表れ、家では第一の特徴のイライラが表れているのである。家では怒りが外に向かって表れ、いつもイライラしている。家の外では、自分の弱点が相手を怒らせるのではないかと恐れて、いつもビクビクしている。そして**何でもかんでも相手の言うことに「そう、そう」と言って迎合**していく。

従順な子羊になることで相手の怒りから自分を守ろうとする。狼も子羊も《自分へ向けられた怒り》の外化という同じコインの表と裏なのである。

ところで日本には想像以上にこのタイプの夫は多い。ラジオのテレフォン人生相談をしていて奥さんからの、この相談は人々の想像以上に多いのである。また**家庭内暴力の子どもも外では子羊**であったりする。

心の整理にとりかかる

それではこの彼女が「自分の位置を知る」ということはどういうことであろうか。

先ず次のように母親を理解する。

この母親は、子どもが甘えるような母親にはなれない。この母親は、娘の気持ちも何もわからない。

したがって彼女は「私の母親は、私が甘える母親ではなかった」と納得することである。

自分が育った家庭に安らぎがない。とにかく両親に甘えることは無理。

そう自覚することが彼女にとって「自分の位置を知ること」であり、「心の整理をすること」である。

自分の位置を知るということは、多くの場合自分の人間関係を整理するということにつながる。

例えば、この人との関係は先輩と後輩、この人との関係は恋人同士、この人との関係は師弟関係、**この人との関係は信頼関係に基づく長年の仕事上の関係**、この人との関係はたまたま関係した仕事上の関係等などである。

それをたまたま知り合った取引先の人に、幼なじみの人に求めるようなことをしたらトラブルになる。

相手は「俺には、そこまで親切をするゆとりはないよ」と思う。

異性の友人に恋人に求めるようなことを求めたらやはりトラブルになる。恋人に母親を求めてもトラブルになる。

次のような手紙をもらった。

心の整理は辛いことである。あんな楽しいことがあったとつい楽しいことの思い出が脳裏に浮かび、その懐かしさに執着してしまいます。

執着すると、そこに心は集中します。集中してしまうと、もう何もする気がおこらなくなります。だから心の整理から人はさけたくなるのです。

古池や、蛙《かわず》飛び込む、水の音。

これは水の音が静けさを表している。

同じようにその悩みが幸せを表しているということがある。

こんなことで悩んでいるなんて幸せだと思うのと、同じようにこんなことで怒っているなんて幸せだと思うこともある。

自分が**怒ったり、悩んだりしている時に、その怒りや悩みを相対化できるかどうかで**ある。

相対化できる人が、心の整理ができている人である。

「あの人がこわい」と思う。

ハーヴァード大学のエレン・ランガー教授は「最も強力な意見というのは、包括的なカテゴリーに基づいている」と言う。

「あの人がこわい」などと言うのもまさに包括的な意見である。一体あの人の何がこわいのか？

とにかく包括的なカテゴリーに基づいてものごとを考えない。

「坊主憎けりゃ、袈裟《けさ》まで憎い」という諺《ことわざ》がある。

それが人の心理かもしれない。しかし「自分が憎いのは坊主である」としっかりと認識しなければならない。それが心を整理するということである。

坊主怖けりゃ、袈裟まで怖い。

右のような格言はないが、憎しみの感情が転移するように、恐怖感も転移する。

自分が怖いのは坊主であると、しっかりと認識しなければならない。

怖くない人を恐れている人はたくさんいる。恐怖感から言いたいことも言えない人はたくさんいる。

何か怖くて自分の主張を言えない人は「自己主張をしても恐ろしいことなど何も起きない」と自分に言う。

そして「自分は何が恐ろしいのか？」を考える。

嫌いな人にしがみつく

見捨てられるのが怖いという人は、さらに「見捨てられることの何が怖いのか？」と考える。

見捨てられて独りぼっちになることが怖い。

「捨てられることはない。もし捨てられたら捨てられた方がよい。捨てられたことは一時的に苦しいが、必ずもっといい人に出会える」と自分に言い聞かせる。

そしてそれらのことを紙に大きく書いておく。毎朝、毎晩その紙を見る。

それと同時に「その人に見捨てられない自分は、今本当に孤独でないか？」と考えてみる。もしかすると今現在すでに孤独ではないのか？

人生に行き詰まった人は、嫌いな人にさえ好かれようとして嫌いな人にしがみつく。

そして自分の言いたいことを言えない。

今見捨てられること、**嫌われることを恐れて悩んでいる人は、心の底で相手を嫌いな**

のではないか？

そして「嫌いな人にしがみついているのと、一人になるのと、どちらが辛いか？」を考えてみる。

嫌いな人にしがみついているのは、ものすごいストレスではないのか。

こうして心を整理していくのが心の整理学である。

シーベリーは「自分にこわいものがあると決めてはいけません[*16]」と書いて、その後に次のような例が出ている。

マサチューセッツの海岸に、長い間借り手のつかないコテージがあった。明かりを持った幽霊が出ると思われていた。

やっと一人の女性がそこを借りることになった。しかし真夜中になるとぎらぎらする光と、白い人影が暗闇の中を近づいてくる。そこで彼女は白い人影に向かって歩き続けた。

そして突然彼女の手は、長い姿見にぶつかった。

白い人影は、**ナイトガウンを着た彼女自身の、鏡に映った姿**だった。そして光は灯台の光が部屋の中にさし込んでいただけだった。

何が怖いかを見る。

道が暗ければ懐中電灯を持っていけばいい。

怖ければあえて動かなくてもいい。

恐れている者は恐ろしい者ではないということについて、女性恐怖症の人を考えてみる。

シーベリーの著作に次のような話が載っている。

著者がロンドンで象のハンターとお茶を飲んでいた時の話である。彼はアフリカで生活していることが多かった。

ある軽薄《けいはく》そうな女性がさりげなくそのハンターに近づいて、耳元で何かをささやいた。彼は真っ青になって手が震えてきた。そしてお茶をこぼして部屋を出て行った。彼は**襲いかかってくるライオンよりも女性の方が怖かった**のである。[*17]

沖縄でハブを捕っている人に、次のような話を聞いたことがある。

ハブを見るとお金に見える。
それは、危険だが、危険ではない。
必ずしも危険なものが怖いわけではない。
かかわり方で相手は違って見える。
その人の恐怖心がある人を怖い人にする。
「迎合すると」その人が怖くなる。
自分がその人を怖い人に作っている。

こんな話を読めばあなたはばからしいと思うだろう。しかしあなたが今恐れている人は本当に恐ろしい人だろうか？
あなたは、あることで明後日ある人に会うことになっている。

そして今あなたは気が重い。その人に会うことが嫌である。その人に会いたくない。その人を恐れている。何となく心の中で会う前からその人に圧倒されている。

その人の**何が嫌いで、何を恐れているの**か？

基本的には悩んでいるあなたもこの象のハンターと同じではないだろうか。

私たちは毎日不必要な苦しみを味わっている。不必要な感情の混乱をしている。

あなたは**自分に何の害も与えない人を恐れている**かもしれない。

あなたにとって事実危険ではない人でも、あなたが危険な人だと感じれば、あなたの脳は危険な人と同じ反応をする。

捨てられないとすべてを失う

私は「心の整理学」を書いた。

心の整理学は事実の整理でもある。

これは事実困ること、これは事実困ることではなく、事実に対する私の解釈で私が勝手に悩んでいることと整理する。

妬む心の整理の仕方。

第一に自分の心の底の敵意に気がつくこと。

第二にその人がその立場を得るまでにどのくらい苦労をしたかを見る。


缶カラを引きずって歩かない。

喧嘩をする時には、持っているものを捨てる。

決断力をもつことである。「何事も捨てる」強さがないとできない。色々なものに執着する人がいる。執着の強い人はいつまでも捨てることができない。肛門性格の人は何でも捨てることができない。使えない物もいつまでも取っておく。過去の人もおいておきたい。過去の感情を引きずる人、**物を何でもためる人、どちらかといえばケチ**である。

決断をせまられた時、その執着を捨てることが大切である。

捨てるにはどこを基準にして捨てるか判断しなくてはできない。

「判断力をつける」は「やるか、やらないか?」。捨てるか、捨てないか。諦めるか、諦めないか。感情に左右されないで決めることである。

　こうしてトラブルの原因となるものを、一つひとつ整理する。

　「別れの悩み」は自分に全く自信がないことを知っていながら、できるだけ心の傷を負いたくないと思う時である。関係が壊れていることを自覚した時である。自分の心を少しでも楽にする方法を考える時、迷いが生まれ選択に迷う。これが悩みである。


　どう生きるか。

　心が荒《すさ》んでいれば、**荒んでいるほど、「逃げる」という安易な道**を選んでしまう。そんな時は、心の底で自分以外のすべての人を憎んでいる。生きる努力を捨てる時はこんな時である。「自分ばかりが苦労しているのに、皆はわかってくれない」と、相手を責めることで苦しさから逃げている。


　コウモリとイバラとカモメ。

コウモリと、イバラと、カモメとが仲間になって、商売をしていくことに決めた。コウモリは銀貨を借りてきて、みんなの元手《もとで》とし、イバラは外套《がいとう》を仕入れ、カモメは、銅のかたまりを持ってきて、みんなで船に乗って出かけた。ところが、激しいあらしが起こって船がひっくり返り、何もかも捨てて、陸にあがって助かった。

その時から、カモメは、海岸にいて、海が銅のかたまりをうちあげはしないかと、いつも番をしているし、コウモリはお金をかしてくれた人を怖がって、昼間は姿を見せず、夜になると餌を探しに出てくる、イバラは通りかかる人の外套をつかまえては、自分のではないかと探している。

自己執着の愚かさである。捨てられないことですべてを失ってしまった。失ったものを綿々と追いかけることですべてを失ってしまった。手に入らないものをずーっと追いかける。それで一生を終わる。そういう人が案外多い。自分の**失った人生への未練で一生を終わる人**は多い。

＊1 W. Tatarkiewicz, Analysis of Happiness, Martinus Nijhoff, 1976. 加藤諦三訳、『こう考えると生きることが嬉しくなる』、三笠書房、1991、105頁

＊2 David Seabury, How to Worry Successfully, Little Brown, and Company, 1936. 加藤諦三訳、『自分が強くなる生き方』、三笠書房、1996、180頁

＊3 John F. Schumaker, In Search of Happiness, Praeger Pub Text, 2007, p.35.

＊4 ibid., p.39.

＊5 ibid., p.39.

＊6 Karen Horney, Our Inner Conflicts, W. W. Norton & Company, 1945, p.120.

＊7 Hope R. Conte and Robert Plutchik, Ego Defenses, John Wiley, 1995, p.19.

＊8 Gillie Bolton, Stephanie Howlett, Colin Lago and Jeannie K. Wright, Writing Cures, Routledge, 2004.

＊9 Phyllis Bottome, Alfred Adler: A Biography, G.P.Putnam's Sons, 1939, p.87.

＊10 Manès Sperber, Masks of Loneliness, Macmillan, 1974, p.110.

＊11 Nicholas A. Cummings, Somatization: When Physical Symptoms Have No Medical Cause, Mind Body Medicine, edited by Daniel Goleman, and Joel Gurin, Consumer Reports Books, 1993.

＊12 Karen Horney, Neurosis and Human Growth, W. W. Norton & Company, 1950, p.39.

＊13 Les Brown, Live Your Dreams, Avon Books, 1992.

＊14 David Seabury, How to Worry Successfully, Little Brown, and Company, 1936. 加藤諦三訳、『心の悩み

がとれる』、三笠書房、1983、186頁
*15 ヴィクトル・エミール・フランクル、宮本忠雄、小田晋訳、『神経症 その理論と治療 I フランクル著作集4』、みすず書房、1961、24頁
*16 David Seabury, Stop Being Afraid!, Science of Mind Publications, 1965. 加藤諦三訳、『問題は解決できる』、三笠書房、1984、129―130頁
*17 前掲書、82頁

第三章
幸せの優先順位を知る

すべての偉大な人は
丸太小屋で生まれた
——オリソン・マーデン

私は幸せになれる

林檎《りんご》が木の上になっている。
欲しい。
でも荷物を背負っていて木に登れない。
もし林檎を欲しいならその荷物を捨てなければならない。
飛躍する時には捨てなければならない。

魚が捕れた。
でも瓶の中はいっぱい。
もし魚を持って帰りたければ、
瓶の中にあるものを捨てなければならない。
幸い**捨てることができた人**は、
幸せの芽を選んだ。

今幸せな人も、かつて、何かを捨てたのだ。

人は何でチッポケな出来事に囚われるのか？

それは先を信じていないからである。

この先に幸せがあると思えば、その些細な出来事に囚われない。

この先に美味しいケーキがあると思えば、今、目の前にある飴に執着しない。

無理して飴を食べない。

自分の**将来にはもっともっと幸せが待っている**と思えば、嫌なことも、そのための試練だと思う。

毎日呪文のように「私は幸せになれる」と唱えること。

何を行うのか、目的意識を明確に持つことである。目的もなくただ動き回るのは躁《そう》うつ病者の躁の時の状態みたいである。

何をしていいのかわからないと言う人は、あるものに執着しているからである。あるものを捨てなければ事は起こせない。捨てなければ前に行かれない。捨てねば欲張りはなかなか幸せにはなれない。

林檎の木は、今年の林檎を捨てなければ次の年にまた林檎はならない。捨てない人は結局何もしない人である。何もしない人には進歩、生産はない。とにかく道を定めることである。

道を定めることができない人は、「捨てなければいけないものを捨てていない」ということに気がついていない。


捨ててはいけないものも、もちろんある。人は恋人を捨てることをたいそうなことと考える。子どもを捨てることは罪と考える。

しかしそれ以上に**自分自身を捨てることは罪**なのである。

親を捨てること、妻や夫を捨てること、親友を裏切ること、誰でもそれらをものすごいことに考える。

しかし自分を裏切ることは、それ以上の罪なのである。おそらく自分を裏切ることは最も重い罪であろう。犯罪の中でも重い犯罪であろう。

心の優先順位をつけてみる

人間関係の整理学とか心の整理学とは、しようとしていることに優先順位をつけることである。

心の整理とは、ある意味で自分のすることの優先順位をつけることである。

優先順位をつけるためには何かを「捨てる」ということが必要である。

心をスッキリ整えるとは、優先順位をつけることである。

心をスッキリ整えるとは、ある意味で自分のすることの優先順位をつけることである。

生きることが辛い人は、物事の優先順位がわかっていない。例えば誰にも嫌われたくない。対象無差別に好かれたい。皆に好かれたい。

しかし対象無差別とは優先順位がないということである。

幸せな人は今何を捨てなければならないかということを知っている。

今を楽しめない人は、自分が本当に好きなことがわかっていない。今を**楽しめる人は、自分が本当に好きなことを優先**する。

気持ちを落ち着けるためには、「これを最初にしよう」と思えばいい。そう思ったら後は「捨てる」。

捨てたことで信用を失うのは当たり前であるから、それは仕方ない。

例えばある人の依頼を断る。その人からよく思われなくてもしょうがない。

あの人から悪口を言われてもしょうがない、それが「捨てる」ということである。

このような**前向きの計画に沿ってやっていることが、最後まで充実して生きることを可能に**する。


愛されないで成長した人は、何も捨てられないし、誰も捨てられない。とにかく対象無差別に人から受け入れられたい。皆から好かれたい。誰でもよいから好かれたい。

自分で自分を認めていないから、人から認めてもらいたいのである。

そこで自分を無理に曲げて好かれようとする。

心理的に健康な人は「たった一人に受け入れられればよいではないか」と考える。

しかしそんなことは愛情飢餓感の強い人には考えられない。

愛情飢餓感の強い人には「別れる、捨てる」と言うことはなかなかできない。

愛情飢餓感の強い人にとっては、人も仕事も整理することはそれほど簡単なことではない。

しかし整理をしなければ、どんどんおかしな道に入り込んでいくだけである。

愛情飢餓感の強い人は不幸であるし、何よりも暗い。もちろん本質的に暗いことの反動形成として不自然に明るさを振りまいたりする。

また人前では無理をした空虚《くうきょ》な明るさを演じる人もいる。

しかし誠実な人にはそれが見える。そこで避けられる。

ずるい人にもそれが見えてしまう。そして利用される。

そうして**今よりもさらに不幸になるために努力**してしまう。

愛情飢餓感の強い人は、努力をするのだけれども、どんどん違った道に入っていく。

自分を曲げて好かれるための努力をするから、努力すれば努力するほど周囲におかしな人が集まる。

そしてどんどん不幸になっていく。自分の周囲には変な人ばかりがいるということに気がつかない。

100年経てばみんな死んでいる

愛情飢餓感の強い人が犯しがちな間違いは何か？

それは**お金を持てば注目してもらえる、名声を得れば尊敬される、権力を持てば認められると思ってしまう**ことである。

そして認められれば、自分の心の葛藤は解決すると思ってしまう。つまり自分の欲求は満たされて幸せになると錯覚する。

しかし尊敬も、注目も、承認も、その人自身に対するものではないから、どんなに大きな権力を得ても、本質的には愛情飢餓感は解決しない。

当たり前であるが、愛情飢餓感は真の愛情を得ることで消える。愛情飢餓感の強い人は、その愛情を得る方法を間違える。

愛情飢餓感の強い人は、成功すれば愛情飢餓感が消えて生きるのが楽になると一人で勝手に思い込んでいる。幸せになると思っている。劣等感が消えて生きるのが楽になると思っている。しかし残念ながら劣等感は消えない。成功しても成功しなくても、努力したことで逆に劣等感は強化されている。

愛情飢餓感は、何が無くても「そのあなた」を愛しているという人と出会えて、消える。

そういう人と出会えて劣等感も消える。

愛情飢餓感が強ければ強いほど心の整理は必要である。つまり自分を取り巻く人間関係の整理である。

「この人」を大切にしよう。「あの人」に認められなくてもしょうがない。「その人」にバカにされようがどうしようがかまわない。

愛情飢餓感が強い人は、この整理ができないから、ストレスで悩み苦しみ、体調を崩す。

自分に失望していると、周囲の人から評価されたい。そこで体裁《ていさい》を構いすぎる。

体裁を考えすぎるということは、悪く思われることを恐れているということである。

自分で自分を悪く考えているから、人から悪く思われることを恐れてしまう。

そうして**表面的に立派そうに振る舞うと、質の悪い人から舐《な》められるだけだ**ということに気がついていない。

愛情飢餓感の強い人は、自分が周囲の人にニコニコといい顔をすることで周囲にずるい人を集めてしまう。ニコニコといい顔をしている時に、周囲の人が自分をどのくらい舐めているかということに気がついていない。

相手に**気に入られよう、そして相手から保護されようと願う人は、現実の世の中では逆に相手から搾取される**ことがある。

要するに悪い人に舐められてしまうのである。相手の保護を求めることで、自ら進んで犠牲者の役割を演じやすい。

気に入られよう、そして保護されようと願うことでかかわってはいけない人とかかわってしまう。

心をスッキリ整えるのに簡単なのは、捨てること。執着を捨てる。煩悩《ぼんのう》を捨てる。即身成仏。

実際に執着を捨てるのは難しいが、執着のままでは心を休ませることはできない。

「100年経てばみんな死んでいる」、そう思って執着を断ち切る。

「捨てる」ことは新しい世界への入り口である。「捨てる」ことで再出発できる。何か毎日訳もなく不愉快で、イライラする。そういう場合には自分の中に捨てるべきものがあるのに、捨てないでそれにしがみついている。

「捨てる」ことが、その人の潜在的可能性を実現する準備をすることである。

晩秋の銀杏の葉が木にしがみついている。落葉するから来春に新しい葉が芽生えてくる。

「捨てる」ことは、生きていくための自然の摂理である。「捨てる」べきものを捨てられないから、理由もなく落胆している。理由もなく腹が立つ。

理由なきマイナスの感情は、再生へのベルの音である。心の世界で新しい朝が始まったのだから、ベッドから起きなさいという知らせである。

社会的正常性と心理的正常性は異なる

心理的に大人になるということは、そのような挫折体験を消化することである。

もし自立するなら、自分に対する自分の態度を変えなければならない。これが「捨てる」ということである。

自分に対する自分の態度を変えない。それにしがみついている。これが「捨てない」ということである。

そういうことを、自分が無意識に拒否している。

人はなぜ捨てられないのか？

それは自分の心の葛藤に直面するのが怖いからである。

何を捨てるかを決めるのが決断である。捨てるものを決められなければ、望むものは手に入らない。

社内での自分の立場を守ろうとし、さらに家族を大切にして、趣味にも時間を割《さ》きたいなどと思えば、迷うのは当たり前である。

その**欲張りから来る迷いが、悩みであり心配**である。

ロロ・メイは、心理学的自殺という言葉を使っている。[*1]

「捨てる」ということは心理学的自殺である。それは「それなしに」生きていく選択である。

成長の障害になっているのは、捨てられないことである。慣れた世界にしがみついている。そこで自分の潜在的可能性を殺してしまう。

ネクロフィラスな人、つまり死を愛する人、彼らにとって他人は血の通った人間ではない。あくまでも「もの」である。

ネクロフィラスな人自身に血が通っていないから、**他人を血の通った人間として扱うことができない**のである。彼らは「血の通った」という意味がわからない。それが死を愛好する者である。

よく「騙す人が悪いのか？　それとも騙される人が悪いのか？」ということが議論される。

そして時々「騙される人が馬鹿なのだ」ということが言われる。

ライブドア事件の時に、ナンバー2の人が、ニッポン放送の株の取引で「騙された私が馬鹿だった」と言った。村上ファンドの騙す人の方が一枚上手だったというのである。

これは力と金を求めて狂奔《きようほん》したネクロフィラスな人たちの考えであり、彼らの倒錯《とうさく》した世界である。

まさに「かれは殺す人を愛し、殺される人を蔑視する」[*2]世界の話である。

どのように腹黒かろうと、どのように人をあくどく騙そうと、騙した人が尊敬される世界である。

しっかりした人が、ただそれだけで尊敬される競争社会は倒錯した世界である。

社会的正常性と心理的正常性とは異なるということを理解しない限り、現実の社会を正しく理解できない。

人を騙して平気な人は、まさにネクロフィラスな人なのである。

よく「恩を仇《あだ》で返す」という言葉が言われる。昔から人々はそういうことを感じることがあったのだろう。

この「恩を仇で返す」という言葉はバイオフィラスな人の感覚の言葉である。

ネクロフィラスな人にとって「恩」ということはない。ネクロフィラスな人は感謝をするということがないから、恩ということはない。

何かをしてもらったとする。普通の人は恩を感じる。しかしネクロフィラスな人は「うまくやった」と言うことでしかない。

そして「ここに餌がある」と感じる。

親切をした方はただ親切をしたのだが、親切をしてもらったネクロフィラスな人は、その人を餌食《えじき》にする。

別に仇で返しているわけではない。それが彼らの生き方なのである。

だから人に親切をする時には、相手を見なければならない。

相手を見ないで**親切をしたために一生を棒に振る人**がいる。

人との争いで解釈を間違えることが多い。

ネクロフィラスな人とバイオフィラスな人とがトラブルを起こす。

第三者であるバイオフィラスな人は、解釈を間違える。

酷いことをしているネクロフィラスな人を理解できない。しかし理解できないではすまない。人は自分なりに解釈する。

そして「あんな酷いことをするのだから、何か理由があるのだろう」と思ってしまう。

バイオフィラスな人の見返りを求めない純粋な親切というのがある。ネクロフィラスな人には想像ができない。

小さなヒトラーは世の中に沢山いる

バイオフィラスな人の純粋な親切ほど、ネクロフィラスな人にとって「美味しい餌」はない。親切をしたから、食べられるのである。

親切をしたために、とことん虐められる、殺されるということはバイオフィラスな人には理解できない。

それは自分の中にネクロフィラスな傾向がないからである。自分の中に「殺すことを喜びと感じる気持ち」がないからである。

しかし**人から所有物を奪い、人を殺すことが喜びであるネクロフィラスな人**は、理由もなく人を攻撃してくる。

攻撃して相手を苦しめることが喜びだからである。騙すことそのことが喜びだからである。

私はある司法書士の方から聞いた「義務なきことはせず」という言葉が忘れられない。それは土地取り引きなどで酷い目にあった人を沢山見てきた人の言葉である。

世の中がバイオフィラスな人ばかりであるなら、状況を超えて親切は望ましい。しかし残念ながら世の中には、ネクロフィラスな人もまた沢山いる。

そこで親切をしたために、ネクロフィラスな人から「この人からとれる」と狙われて餌食になる人が出てくる。

人の所有物を奪うことを喜びとし、人の生を奪うことを喜びとする人がいる。

ネクロフィラスな人とかかわってしまった人は、悲劇である。

隣人がネクロフィラスな人の場合には、隣人が悲劇であるが、そういう人が国の最高権力者になった時には世界は悲劇である。

それが**ヒトラーのように影響力のある人になれば、人類の悲劇**になる。

小ヒトラーは世俗の世の中には沢山いる。その中に「しっかりしている」などといわれている人がいる。

自分の確実性を担保するために、喜んで人を殺す。そしてそうしたネクロフィラスな人の周囲には、その力を愛するネクロフィラスな人たちがいる。

確実性を求めれば、それでいいと言うものではない。ネクロフィラスな傾向から確実性を求める人は恐ろしい。ネクロフィラスな人は確実性を求める。

ネクロフィラスな人と、執着性格者には共通点がある。

彼らは過去に関心がいく。過去にこだわる、過去を乗り越えて前向きになれない、未来より過去に支配される。

「もういい」と過去を捨てられない。損害を取り戻そうとする。

過去に**こだわって損害を取り戻そう**としている間に時間はどんどん失われていく。その今失っているものの方がはるかに大きい。

それは頭ではわかっているが、感情的にどうしようもない。感情的に納得するということは、頭でわかるということとは違う。

「今よりも過去が大切だ」ということはそういうことである。

バイオフィラスな人は、それが感情的にわかっているから過去を「どんどん捨てていく」。

少なくとも失われたものに執着しないから、失われたものから感情的に打撃を受けない。奪われたものは、奪われたものとして受け入れてしまう。取り戻そうということにエネルギーを使わない。

「今と未来」にエネルギーを注ぐ。

人間が**自分のエネルギーをどう使うか**ということに、その人が表現される。エネルギーをどう使うかということは、どう生きるかということでもある。

その人の心が過去に住むか、未来に住むかということは、その人がいかなる人間であるかということを判断する時に、重要なメルクマールである。

ネクロフィラスな人は「過去に住んで未来には住まない」[*3]。希望に向かって生きられないのである。

ネクロフィラスな人の関心は未来にいかない。これから先を充実させるためにエネルギーを使う心理的体制にならない。

過去は過去として受け入れ、そこから学び、注意が未来に向けば、未来は開けるかもしれないが、それができない。

失ったものへの執着、奪った者への恨み、騙された悔しさ、そうした様々な無念の気持ちが心の中に渦巻く。

そうしてその無念の気持ちを晴らすことにエネルギーを使う。

過去に拘って、未来という広大な肥沃《ひよく》の平野を失う。

未来を志向できれば、過去は色あせる

バイオフィラスな人には、**自分の未来に広々とした肥沃な平野が待っている**ことをイメージできる。

しかしネクロフィラスな人や、執着性格者と呼ばれる人々は、この肥沃な平野をイメージすることができない。

その広々として肥沃な平野を失うということが「もったいない」と感じられない。その肥沃な平野での生活をリアルに想像できない。

だからこそ「悔しい」という感情に囚われてしまう。

執着性格者にしろ、ネクロフィラスな人にしろ、自分は「その時に持っているもの」に代表される。

それを奪われたということは、自分自身を奪われたことである。だから奪った者を許せないのである。

自分の財産を奪った者、自分の名誉を傷つけた者、そうした人々を許せない。そうした人々を心の中で断ち切って先に進めない。

それはその人たちが**自分の財産を奪ったのではなく、自分自身を奪った**からである。

執着性格者や、ネクロフィラスな人にとっての財産や名誉が持つ意味と、バイオフィラスな人にとって持つ意味とは全く違う。

バイオフィラスな人にとって財産や名誉は、あくまでも財産や名誉である。それは取り返しがきく。

しかし執着性格者や、ネクロフィラスな人にとって失われた財産や傷つけられた名誉は取り返しがきかない。

またフロムはネクロフィラスな人は「本質的に過去を指向し、憎み恐れる未来には指向しない」[*4]とも述べている。

未来を指向できれば、失われた過去の意味は色あせる。

執着性格者やネクロフィラスな人は、先にも述べたように未来に肥沃な平野が開けているということがイメージできない。だからどうしても未来を指向できない。

それは**過去も肥沃な平野ではなかった**からである。辛い過去が圧倒的な意味を持っているからである。

過去に楽しい生の記憶があれば、楽しい未来も想像できる。しかし執着性格者やネクロフィラスな人には、それがない。

子どもがアイスクリームを食べていた。

隣の子がシャーベットを注文して食べ始めた。

アイスクリームを食べていた子どもはそれがなんだか悔しい。
そしてシャーベットを見ているうちにアイスクリームが溶けてしまった。

子どもが自分のおもちゃで楽しく遊んでいた。
そこに別の子どもが来て、他のおもちゃで楽しみ始めた。
するとはじめの、自分のおもちゃで楽しく遊んでいた子どもは「面白くない」。
心が乱れて今までの自分のおもちゃで楽しめなくなった。

自分が飴を食べていた。
ガムを食べている人を見てガムも食べ始めた。
当然**味がわからなくなった**のだろう。
別の人から「チョコレート食べる？」と言われた。
すると「うん！」と言ってチョコレートも口に入れてしまった。
さらに別の人から「林檎食べる？」と言われた。

するとまた「うん！」と言って林檎も口に入れてしまった。

もう何を食べたかわからない。神経症的傾向の強い人は食べるのに疲れてしまった。

そして周囲の人を見て神経症的傾向の強い人は言う。

「どうして、皆は美味しく食べられるのに、私だけは……」


あの人が林檎を持っている。

すると神経症的傾向の強い人は、林檎を持っていなければいけないように感じる。

それが神経症的傾向の強い人である。


「これ」と「あれ」の**どちらの仕事を先にすればいいかという判断ができない**で、仕事が広がっていく人がいる。

その分、焦りと不安も広がる。

判断できないまま「これ」も「あれ」もと両方の仕事を引きずる。それを引きずりながら「もう一つの仕事」へとさらに仕事が広がっていく。

そして何も処理できないまま一日が終わって、焦る。

なぜ恨みを忘れられないのか？

捨てられない人は決断ができない、選択ができない、いつも迷っている。

なぜ迷いに迷い、小さなことでも決められないのか。現実の**選択はあるものを捨てる決断だから**である。

焚火にあたろうとするものは煙を我慢しなければならないという格言がある。

煙を避けて焚火にあたりたいという人は、神経症である。

ところで「捨てる」というとすぐに私たちは「物」を想像するが、捨てることの中には心理的なこともある。

もうそんなことを捨ててもいいのに、過去のガラクタを引きずって歩いている。

人をいつまでも恨む。そんな恨みは忘れればいいのにいつまでも忘れられない。日々悩みを増やしていく。

心理的に**成長した人から見れば「なんて愚かな」と思うかもしれない**が、悩んでいる人はなかなか過去を捨てられない。

また何かで損をするといつまでもそれに執着する。なくしたものに執着する。「あれさえあれば」といつまでも執着する。

前向きの生産的なエネルギーを、後ろ向きの執着の気持ちで消耗してしまう。

心理的に成長した人から「もういい加減、あんな人のことは忘れなさい」と言われてもなかなか忘れられない。

「たられば」という言葉があるが、そういう人はいつまでも嘆いているだけで何もしない。

嘆いていれば誰かが解決してくれると期待しているのである。

「インディアンの教え」に次のような言葉が出てくる。

起きたことは起きたこと。

過去にこだわるのは今の苦しみを楽にするためである。

しかし過去に執着する人は、すでに人生に建設的な興味を失っている。

倹約はケチではなく美徳である。

物質窮乏《きゅうぼう》型社会にあっては、個性を尊重するゆとりは社会にない。ところが経済的に豊かな社会が出現し、個性が重んじられるようになると事情は違ってくる。

捨てることは新しい世界への入り口である。捨てることで再出発できる。

何か毎日訳もなく不愉快で、イライラする。そういう場合には**自分の中に捨てるべきものがあるのに、捨てないでそれにしがみついている**からである。

神様の責任まで被らなくてもよい

会社で何があっても、悩みに押しつぶされてはならない。自分は自分自身であるという視点で精一杯努力をして、そのあとは自分の責任ではないと自分に言い聞かせる。
自分の責任は**精一杯努力することで、結果は神様が決める**こと。言い訳をする必要はない。自分を責める必要もない。

会社内で皆から好かれる必要もない。自分は自分でありさえすればよい。

会社内のことが自分の期待したように動いていかない時に、悩んでいてもいいことは何もない。

その社内の流れと戦うか、それを**受け入れてよりよい自分の生き方を考える**かのどちらかである。受け入れることもせず、戦いもしないで、「悩んでいる」のがうつ病になるような人である。

それは社内の人々が怖いからである。皆に好かれたいからである。

先ず自分にとって「最も大事なことは何か？」を考える。会社の出世である人もいるし、家族である人もいるし、自分の趣味の世界である人もいるだろう。

何が自分にとって大切かは人によって違う。その自分の大切なことを基準にして判断をすれば、それほど迷わない。

迷うのは欲張りだからである。あっちも欲しい、こっちも欲しいと欲張るから迷うのである。

家族が大切だけれども社内でも皆に好かれたいとか、趣味の時間を一番大切にしたいと望みながらも、社内でエリート・コースに乗りたいとか欲張るから迷うのである。

一番大切なことを守ろうとすれば、後は犠牲になることもある。それを受け入れることである。

「何を捨てるか？」を決めるのが決断である。「捨てる」ものを決められなければ望むものは手に入らない。

社内での自分の立場を守ろうとし、さらに家族を大切にして、趣味にも時間を割きたいなどと思えば、迷うのは当たり前である。

その**欲張りから来る迷いが、悩みであり心配**である。

シーベリーの著作にボストン大学の偉大な外科医エマーソン博士の話が出てくる。シーベリーは彼に手術中の緊張について「どのようにして耐えるのか？」とたずねる。

それに対してエマーソン博士が次のように答える。

「手術をしている一瞬一瞬に最高の外科医であることだけが、私に課せられたものなのだ。私の責任はそこで終わり。自分のできるかぎり完全に仕事にささげつくすだけなのだ」[*5]

外科医のような職業でなくてもこれは同じである。ビジネスパーソンは会社で一瞬一瞬に最高のビジネスパーソンであることだけを心がければいい。そこでビジネスパーソンの責任は終わり。

後は部下の期待に反しても、同僚に憎まれても、上司に評価されなくても、それはそれで仕方ない。

組織には組織の論理があり、それは時に個人の意志を超えて動くことがある。従ってその時その時を精一杯自分の信じるように働けばいい。

精一杯仕事をすれば、失敗して仲間に蔑《さげす》まれようが、成功して仲間に妬まれようが、それはどうでもいい。

ビジネスパーソンは仲間に受け入れられることよりも、仕事に自分の神経を集中すればいい。

同僚よりも**早く昇進することに神経を集中すれば、ストレスは強くなり、時には体を壊す**ことになる。

今度の人事異動を仲間がどう思うかに神経を集中すれば、消耗する。自分の責任は自分ができることをするだけである。あとは神様の責任。

神様の責任まで、こちらが被《こうむ》ることはない。

ケチと頑固を特徴とする肛門性格は、物質窮乏型社会にあっては極めて社会的に有効な性格であった。

物は節約しなければならないし、頑張って働かなければならない。物を**捨てるなどとはとんでもないこと**だし、そもそも不要な物などない。

倹約はケチではなく美徳である。

このような時代には、強情や頑固も決して悪いことではない。頑固親父などはこの時代を代表する倫理である。

物質窮乏型社会にあっては、個性を尊重するゆとりは社会にない。

ところが豊かな社会が出現し、個性が重んじられるようになると事情は違ってくる。肛門性格者が破綻《はたん》する機会は増える。

捨てるものがある人は、今の問題を解決できる。道が開ける。

心理的未解決、それは**社会的な復讐性の挫折した姿**である。

感情的盲目性。他人の明るい面に囚われて、自分の過去をクヨクヨする。

心理的に大人になるということはそのような挫折体験を消化することである。

もし自立するなら、自分に対する自分の態度を変えなければならない。これが「捨てる」ということである。

自分に対する自分の態度を変えない。それにしがみついている。これが「捨てない」ということである。

「捨てる」ということを無意識に拒否している。


人はなぜ捨てられないのか？

それは自分の心の葛藤に直面するのが怖いから。

広範な要求を持つから無気力、無気力だから広範な要求。悪循環である。

一つに絞れない。本当に好きなものがない。

不安を拡大鏡で見てしまう。

それを脅威志向の強い人という。

会社で何があっても、悩みに押しつぶされてはならない。自分は自分自身であるという視点で**精一杯努力をして、そのあとは自分の責任ではない**と自分に言い聞かせる。

自分の責任は精一杯努力することである、結果は神様が決めること。言い訳をする必要はない。自分を責める必要もない。

心が疲れるのはなぜか?

心が疲れている人は、会社であれ、家であれ、そこに居場所がないのにそこにいる。

心が疲れているのは、居場所がないのにそこにいるからである。

心が疲れるのは嫌いな人といるから。そして嫌いな人にニコニコしているから。

心が疲れている人は、次のような人である。怒りを抑えている人、イライラしている人、本当の感情を抑えている人、自分を素直に出せない人。

嫌いなのに、相手にあわせている。「嫌い」と思われることが困るから無理に相手にあわせる。

実際には**怒っているのにニコニコしている人**。無理な笑いをする。すごい「おべんちゃら」を言う。

心が疲れる学生がいる。家庭教師のアルバイトをしているが「月曜日は疲れないからいい」と言った。「なぜ?」と聞いたら、少し考えて「好きな子どもだから」と答えた。嫌いな子どもだと気を使う。一緒に勉強するのがイヤ。食事をしても美味しくない。食事をしても疲れはとれない。食事さえもがストレスになる。「嫌い」と意識しないともっと疲れる。「嫌い」という気持ちを抑圧しているからである。

現代人は「ガンだ、心臓病だ」と色々と病気になる。ストレスから免疫が落ちて病気になり、そこで死ぬのは、まわりの人が嫌いなのである。嫌いなのに、相手にあわせている。

今の時代は人間関係で問題が起き出した。皆が心の葛藤を持ち出したから、お互いに疲れるようになった。

「嫌い」と思われることが困るから無理に相手にあわせる。それで疲れる。

だから疲労感を軽減すのは「嫌いな人を嫌い」と意識して、好きな人を見つけること。


「どうすれば自分で自分の心を整えることができるのか」

第一に、**心が疲れた時には、「人に好かれたい」という気持ちを断ち切る**こと。捨てること。


皆に好かれたいと思うと、その人たちと会っている時だけが疲れるのではない。

会っていない時も、「もしあの人からこういわれたら、どうしよう」と悩む。「今週の会議で、あれが話題になった時にはどうしよう」と悩む。

こうして悩むことで心が疲れる。もともと心が疲れるから悩むのだが、悩むからさらに心が疲れる。つまり悪循環をしていく。

心を休ませるためにすることは簡単である。理屈は簡単だが、実行は難しい。

心を休ませるのに簡単なのは、捨てること。執着を捨てる。煩悩を捨てる。即身成仏。

実際に執着を捨てるのは難しいが、執着のままでは心を休ませることはできない。

「100年経てばみんな死んでいる」、そう思って執着を断ち切る。

あるエネルギッシュな人が「そうしてみんな死んじゃうんだよ」と言った。そのようなことを言う人は、色々なことへの執着を断ち切れたのである。

その人は執着を断ち切ったからエネルギッシュになれた。エネルギッシュになれたからいいことがどんどん起きてくる。好循環である。

そうは**わかっていても簡単に執着を捨てられない人**もいる。

そういう人は自分の欲しいものに優先順位をつけること。

Aという人とBという人と、どちらに好かれるのが大切か？

Aと言うこととBと言うことと、どちらをすることが大切か？

そして「より大切なもの」へ意識を集中させる。

逆境からチャンスをつかむ

生きる意欲を失った時代を切り拓《ひら》く手がかりになるものが何かないかと、私はある時にハーヴァード大学のワイドナー図書館に籠《こも》ったことがあった。そして約100年前の人物であるマーデンに出会った。もちろんマーデンを単純に解釈すれば「丸太小屋から大統領へ」というアメリカン・ドリームを奨励する人である。

「もう時代遅れだよ」と言って片づけてしまえば簡単である。しかし彼があげている人物と、**生きる意欲を失った今の時代の人々との違いは何なのだろうか**と私は考えた。なぜ彼等はあそこまで頑張れたのかということである。それは今の人がなぜ簡単に、生きる意欲を失ってしまうのかという疑問の裏返しの問いでもあった。

生きることに疲れた私たちと、それぞれの時代に驚くほどのバイタリティーで困難と戦った彼等とはどこが違うのか？　それを比較しながら考えていくとやはりいくつかのことがわかった気がする。

マーデンの書物に登場してくる人は、ことごとく逆境からチャンスをつかんで、成功した人である。それらを読んで「私にはそうしたチャンスがないのが悔しい。私もチャンスが欲しかった」と嘆く人もいるだろう。しかしそう嘆かないで「私にはチャンスがないのに、なぜこの人々にはチャンスがあったのか？」と考えてほしいのである。

そしてマーデンを読んでくれれば「自分にはなぜチャンスが来なかったか」がわかってもらえるだろう。

嘆いていても何も始まらない。しかしこの本を読めば、驚くような人物が次々に現れる。これだけの**すごいことを人間はしてしまう**のである。自分にだって驚異の力があるはずなのである。それが何かの事情で自分の中から消えている。

マーデンは次から次へと色々の人物をとりあげている。

例えばこの本の中に、逆境の中で、イギリスの大法官となり、当代随一《ずいいち》の法律家となったエルドンという人が出てくる。

エルドンは朝4時に起きたという。それを読んで、自分もエルドンのように成功したいからと4時に起きる必要はない。あなたはエルドンになることが目的ではない。幸せになることが目的である。

大切なのは「幸せになりたい」という気持ちを忘れてはならない。

「あなたにとっての成功は何か？」ということである。あなたの目的はアメリカの大統領になることではない。しかしチャンスをつかむための生き方は同じである。だからマーデンのあげる例を「私にとってのチャンスをつかむ方法」に読み替えて考えてほしい。

今、この瞬間に注目を浴びる生き方をしてしまうか、この瞬間も地に足のついた努力をするかの違いは、あなたのチャンスの場合にも、アメリカ大統領になるチャンスの場合にも同じである。

アメリカ大統領になったガーフィールドの生き方や副大統領のヘンリー・ウイルソンの中に自分のチャンスをつかむヒントを得るのである。

ヘンリー・ウイルソンは歩いて100マイル以上はなれたマサチューセッツへの旅で1ドル6セントしか使わなかった。独立戦争での最初の交戦地バンカーヒルやその他の史跡を訪ねるためにボストンによったりしてである。彼はほとんどお金を使っていない。

なぜだろうか。それは彼の目的が明確だからである。自分の目的が明確だから、捨てるものはどんどん「捨てる」。生活が簡素になっている。彼が次の学校に戻った時に6ペンスしかなかった。しかもそれを教会の献金箱に寄付してしまった。

「捨てる」ものはどんどん捨てるからしがらみがない。だから自分と周囲の関係が明確になる。腐れ縁のような関係ばかりで、いつも不満ばかりの生き方とは根本的に違う。いつもしがらみで動いて、引き受けたくないものを引き受ける生き方。それではアメリカ大統領にもなれないが、小市民の夢を実現するチャンスもない。

この「目的を明確にした生き方をする」からこそチャンスはくる。それはアメリカの大統領になる人にも、我々にも共通している。逆に八方美人でどこに敵がいて、どこに味方がいるのかもわからない生き方、四つ角でどっちにいこうかとふらふらしているような気が散った生き方、このような生き方をしていれば、あなたにもアメリカの大統領になろうとする人にもチャンスはこないのである。

このガーフィールドの生き方の中に**自分の不運を幸運に変えるヒントはないかと探し求めて読むから面白い**のである。

チャンスのつかみ方は各々の人のおかれた状況によって違う。しかしその本質は同じである。

夢を持つためにするべき、たった一つのこと

エルドンも同じである。彼は法律の本を書き写し、必死で勉強した。エルドンは「あとはいらない」。このエルドンの目的の明確さ、それが彼を成功させたのである。これがチャンスを呼び、チャンスをつかませたのである。エルドンは「あとはいらない」、そう思ったらすべてを「捨てられる」。目的は明確になる。

あれも勉強して褒められよう、これも勉強して褒められようになったら、目的は定まらない。エルドンにチャンスはこない。

あれを知っているということで驚かれよう、これを知っているからと驚かれようという生き方では辛いだけの人生で、法律上の成果はなかったろう。人からよく思われようということがなかったから彼等は幸せになれた。彼等はなぜそこを捨てられたのだろう。そこを学ぶことである。

いずれにしてもこの本に書いてあるのは、人間の恐ろしいほどの可能性である。彼等と同じ人間が今の日本では一生「ぶつぶつ」と文句をいうだけで生きている。同じ人間が今の日本では人を恨むだけで死んでいく。同じ人間が今の日本では**死ぬまで人を羨む**

だけで生きている。同じ人間が今の日本では一生不満な顔をして生きている。

それなのどうしてマーデンが述べているような人物の生き方が、人間には可能なのであろうか。マーデンが例としてあげる不屈の忍耐はどこから出たのか。力の限り頑張る気概はどこから生まれてきたのかということである。なぜ彼等は打ち続く失敗に負けなかったのか？

とにかくなぜ、「私と同じ、この人々」がこれほど凄まじいエネルギーがあったのかを考えて読んでほしい。この人々の不屈な忍耐力はどこから出て来たのかを考えながら読んでほしい。

今の日本は幸せということについて、根底から勘違いがあるのではないだろうか。

マーデンの本の中の登場人物を読んで、**こんな辛い人生を歩むくらいなら、自分は成功しなくてもいい**と思う人がいるだろう。自分は今の楽な生活の方がいいと思う人がいるだろう。それが間違いだと言うのである。

彼等の人生を辛いと思うのが間違いで、逆に彼等は生きがいをもって生きた幸せな人々なのである。恵まれた時代に生きる、今の自分が幸せと思っているかもしれないが、それこそが不幸と言う名の幸せである可能性が高い。

私たちの考えていることや、行動の仕方が間違っているから私たちの人生は行き詰まったのである。私たちのものの判断の仕方こそ問題なのである。だから私たちは夢を失ってしまったのである。彼等は夢を持って生きていた。

吹雪の中で進む方向にクレバスが現れた。ある人はその苛酷なクレバスを勇敢に飛び越えていった。しかしもう一人はそこにうずくまってしまった。その人は食べるものもない。何も持っていない。そして飛び越えていった人を見て、自分にはああいうことはできないと思う。

しかしそう嘆く人は大切なことを見のがしている。飛び越えていった人は**クレバスの向こうに夢があって、その夢を求めて飛び越えていった**のである。クレバスが困難だ。では夢を持つにはどうしたらいいのか？　彼等のように人に頼らずに自分に頼ろうとすれば夢が自然と生まれてくる。

絶えず人から何かをしてもらおうとしている人は、どんな小さな困難に出会ってもまず「恨む」ということから出発してしまう。困難に出会うと私たちはすぐに「何で俺だけがこんな苦しいのだ」と思ってしまう。なぜ彼等はそう思わなかったのか。

次に彼等は失敗を恐れない。失敗を恐れないばかりではなく、人を恐れない。人の評価を恐れない。人から褒めてもらうことに人生の重点がない。

登場する人々は今の私たちと違う心の世界に生きていたということを理解してほしいのである。私たちの心の世界から見ると**この人々は驚異的に忍耐強く、逞しく、挫《くじ》けない人々**である。

しかし彼等の世界では必ずしもこの評価は正しくないかもしれない。彼等はおそらく私たちとは生きている「心の世界」が違う。どのように違う世界に生きていたかを考えながら伝記を読んでほしい。

例えば多くの人は登場人物の生きざまを「幾多《いくた》の失敗にも負けないで」と解釈する。しかし彼等が自分のしたそのことを、私たちの言う意味で失敗と捉えていたかどうかは考えものである。私は彼等は自分のしたことを、私たちの言う意味で失敗とは考えていなかったと思う。

情熱を注ぐ対象が見つけられるか

失敗は一つの体験である。その体験を避けることが望ましいと言うのが、今の私たちの生きている世界の価値観である。しかしもし跳び箱が「好きで、好きで」たまらない子どもが、5段を跳べなかった時に、それを失敗と考えるだろうか。「どうしたら5段が跳べるか？」とそれしか考えないのではないだろうか。

生きることが「面白くて、面白くてたまらない人」にとって、今の私たちの言う意味での失敗ということがあるのだろうか。失敗も成功も生きることなのである。

失敗は望ましいことではないというのが、今の私たちの生きている世界の価値観である。それは、同時に楽をすること、得をすることが望ましいことになっている。その結果生きる意味を見失い、生きる意欲を失ってしまった。そしてことをなすエネルギーもなくなってしまった。

彼等の凄まじいファイトを生み出した世界観は何であったのかということを考えて読んでほしい。今の私たちと同じ価値観で、そのことをしたと考えては、彼等の情熱の解釈を間違える。

伝記に登場する人々は**失敗を重ねながらも、常に夢を追い続ける**のだ。その姿勢に何となく生きる確かさを感じる。生きるとは「こういうことなんだろうなー」という気がしてくる。

ここが伝記を読む時のポイントである。これを伝記で理解してもらえれば、あなたの生活の色は変えられる。

好きなことが生活の中心になっていない今の人々は、この本に登場する人々と「頑張る」という言葉の色が違っている。

つまりここに登場する人々は本人の意識としては傍から見るほど頑張っていないのではないか。いや頑張ったかもしれないが、それは傍から見るほど辛くはなかったということである。

結局この人生では、**情熱を注ぐ対象を見つけられるか、見つけられないか**につきるのかもしれない。

今の時代、強迫的に頑張っている人の間違いは、「自分はこんなに頑張っているのに幸せになれない、だからもっと頑張らなければ」と思ってしまうことである。前後のかかわり合いを見ていない。状況を見ていない。自分のしていることが理解できていない。なぜ自分のしていることはうまくいかないかと考えていない。「なぜうまくいかないのか？」の理由を見つけ出すことがないので、次にも運が回ってこない。

女性との関係がうまくいかない。例えばいつも女性にプレゼントしている。しかしうまくいかない。

そういう時には自分は花束を女性にプレゼントしているつもりでいるが、実は骸骨をプレゼントしているということがある。自分が気に入っているが、**相手が気に入らないものをプレゼントしている**のである。だから女性がこちらを向かないで逃げていく。すると「何でなんだ、俺がこんなに努力しているのに」と叫び、苦しみ、悩む。

運が悪いと嘆いている人は、「なぜ思惑がはずれたか？」を反省していない。相手を見ていないから努力が活きてこない。相手が何を望んでいるかを考えないで相手のことを「してあげている」のである。運が悪いと嘆いている人は、自分の世界観だけで努力している。だから「こうなる」と期待したことが、「こうならない」。

なぜなのだろうと考えないで、「もっと」同じことをする。さらに努力をする。もっと大きな骸骨をもっと沢山プレゼントする。そしてもっと嫌われる。

他にも色々と例はあるだろう。例えば気に入られたいと思って自分の本当の感情を表現しないとする。本当は「会いたい」のに、「会いたい」と言うと相手に「失礼」とか「厚かましい」と思われないかと思って「会いたい」と言わない。素直でないから可愛げがないと思われていたりする。

また迎合する態度が相手を遠ざけてしまっているのに、さらに迎合する。相手は**本当の感情を表現できるような親しい間柄を望んでいた**のである。相手はそうしたよそよそしい態度に淋しさを感じる。

自分の人生が今思うようにいっていないことの原因と、今書いてきたようなことは同じことなのである。どこか努力の仕方が間違っているのである。どこか努力の場所が間違っているのである。丸太小屋から大統領になった人は、今述べたような間違った努力をしていない人なのである。

なぜ丸太小屋から大統領になる人がいるのに、自分は豊かな日本の中産階層に生まれて、自分の夢を実現できないのか？　自分の夢を持てないのか？　そう考えてほしいのである。

＊1 Rollo May, Man's Search for Himself, W. W. Norton & Company, 1953. 小野泰博訳、『失われし自我をもとめて』、誠信書房、１９７０、１８４頁

＊2 Erich Fromm, The Heart of Man, Harper & Row, 1964. 鈴木重吉訳、『悪について』、紀伊國屋書店、１９６５年、42頁

＊3 前掲書、41頁

＊4 前掲書、44頁

＊5 David Seabury, Stop Being Afraid!, Science of Mind Publications, 1965. 加藤諦三訳、『問題は解決できる』、三笠書房、１９８４、１４１—１４２頁

あとがき

とにかく**本当の自分に、自分が気づくことが救いへの道**である。自分に気づくことなしに心理的な自立はありえない。

いつも悩んでいる人は、歪《ゆが》んだ「理想の自我像」を心の中で断ち切ることである。

まず自分が「こうなりたい」と思っていることが間違いだと気づけば、夜明けは近い。自分が「こうなりたい」のではなく、「こうなりたい」と思わされていたに過ぎないと気がつく。

歪んだ理想の自我像への執着を断ち切る。歪んだ理想の自我像にそっと別れを告げる。

そして自らの力の限り生きる。自分が気がついた新しい自分が生まれる。

どんなに小さな力でもいいから自分の力で生きる。くどいようだが、一気でなくてよい。

そこに向かって確実な一歩を踏み出す。

「今に、いいことあるさ」と前向きになる。

素直であれば道は拓ける。

それが「5つのL」の最後のLの「Let Go」である。

人間には「こうすべき」ことなどない。それなのに小さい頃から周囲の世界には憎悪に満ちた「こうすべき」ことが充満していた。

とにかく**一瞬、一瞬を自分らしく全力で生きる**ような人間になる。

自分のできることを全力でする。人を批判している間に自分の好きなことを見つける。

そして「なぜ自分はあの人をそこまで批判するのか？」と考えてみる。実は「自分があの人に注目してほしいから」と気がつくかもしれない。「それは自分を偉そうに見せたいから」と気がつくかもしれない。

一日一つ自分の何かに気がつけば十分である。それが自分の宝である。本当の自分に気がつくことが自己実現の第一歩である。

虚栄心から人を批判することよりも、本当の自分に気がつくことの方が生きるエネルギーの正しい使い方である。

それが自己実現のエネルギーの使い方である。本当の**自分に自分が気づくことが自己実現の第一歩**である。

昔付き合っていたヒッピーのようなアメリカ人がいた。そのアメリカ人が、林檎の木は林檎を離すから次の季節にまた林檎がなると言っていた。林檎の木が林檎にしがみついていたら、林檎の木は枯れてしまう。

そしてこの「Let Go」はフランクルの言う断念にも通じる。

フランクルは「あらゆる断念は『なされ』なければならぬ」と言う。

そして「この断念行為は偶像視とまた同時に絶望から人を守る唯一のものでもあります」。

捨てることで自分に絶望してもよい。絶望は、新しい世界へつながる出口でもある。

絶望と希望は矛盾対立するものではない。絶望を通過して希望にたどり着くのである。

人に気に入られるための理想の自我像実現への執着を断ち切り、自己実現の世界へ踏み込む。

それが「自己憎悪から自己受容への道」である。それが偽りのない「不幸から幸福への道」である。

今日はいつもと違って、ひとつだけ「べき」と違ったことをした。これが**自己憎悪から自己受容への道**である。「不幸から幸福への道」である。

それが今日の宝である。

今日はいつもと違って、ひとつだけ「本当の自分」に気がついた。悔しかったけれども「未熟な自分」を自分が受け入れた。これが「自己憎悪から自己受容への道」である。

「不幸から幸福への確かな道」である。

それが今日の宝である。

心の地獄から心の天国への道は遠い。しかし一歩、一歩と歩いていけば必ず天国にたどり着く。

「人間は自分の生まれた水準で自己を実現し、自分の本質に固有なタイプの精神的感情的パワーを発散させながら、自分なりのものになるしかないのです」

著者略歴

加藤諦三《かとうたいぞう》

一九三八年、東京都生まれ。
東京大学教養学部教養学科を経て、同大学院社会学研究科修了。
元ハーヴァード大学ライシャワー研究所客員研究員。
早稲田大学名誉教授。
ニッポン放送「テレフォン人生相談」のパーソナリティを
半世紀以上にわたり務めている。
『「人生、こんなはずじゃなかった」の嘆き』
『他人と比較しないだけで幸せになれる』(ともに幻冬舎新書)のほか、著書多数。

幻冬舎新書 749

人生の勝者は捨てている

二〇二四年十一月二十五日　第一刷発行

著者　加藤諦三
発行人　見城　徹
編集人　小木田順子
編集者　宮崎貴明　福島広司

発行所　株式会社　幻冬舎
〒一五一-〇〇五一　東京都渋谷区千駄ヶ谷四-九-七
電話　〇三-五四一一-六二一一(編集)
〇三-五四一一-六二二二(営業)
公式HP　https://www.gentosha.co.jp/
ブックデザイン　鈴木成一デザイン室
印刷・製本所　株式会社　光邦

Printed in Japan　ISBN978-4-344-98751-7 C0295
か-33-3

*この本に関するご意見・ご感想は、左記アンケートフォームからお寄せください。
https://www.gentosha.co.jp/e/